DEREK PRINCE

İLAN ETMENİN GÜCÜ

I0191580

GD**K**

GDK YAYIN NO: 323
KİTAP: İlan Etmenin Gücü / *The Power of Proclamation*
YAZAR: Derek Prince
ÇEVİRMEN: Garo Saraf
KAPAK: Keğanuş Özbağ

ISBN: 978-1-78263-603-8
T.C. Kültür ve Turizm Bakanlığı Sertifika No: 16231

© **Gerçeğe Doğru Kitapları**
Davutpaşa Cad. Emintaş
Kazım Dinçol San. Sit. No: 81/87
Topkapı, İstanbul - Türkiye
Tel: (0212) 567 89 92
Fax: (0212) 567 89 93
E-mail: yaybilgi@gmail.com
www.gercegedogru.net

Bu kitap Derek Prince'in yayınlanmamış geniş arşivindeki materyallerden derlenmiş olup, Derek Price Ministry'nin yazı işleri takımı tarafından onaylanmıştır.

Kitapla ilgili görüşleriniz için: derekprinceturkey@gmail.com

Kutsal Kitap alıntıları, aksi belirtilmedikçe
Türkçe Bible Server.Com'dan yapılmıştır.

Baskı: Anadolu Ofset – Tel: (0212) 567 89 93
Davutpaşa Cad. Emintaş Kazım Dinçol San. Sit.
No: 81/87 Topkapı, İstanbul
Şubat 2017

İçindekiler

Sözü İlan Etmek

Tanrı'nın Sözü ilan edildiğinde muazzam bir güç ortaya çıkar. Hristiyanlar'ın birçoğu onlar için hazırda bekleyen bu müthiş potansiyelin farkında değillerdir. Durum ister kişisel bir ihtiyaç, isterse çözülmeyi bekleyen uluslararası bir kriz olsun, o durum üzerinde Tanrı'nın Sözü'nü ilan etmek, koşulları tamamen değiştirebilen Tanrı'nın yaratıcı gücünü serbest bırakır. Her imanlı Tanrı'nın Sözü'nü ilan etme ayrıcalığına ve sorumluluğuna sahiptir.

Hizmetim süresince, eşim Ruth benimle birlikte olduğu zamanlarda, mesajımı vermeden önce onunla birlikte mutlaka ilanda bulunurdum. Tanrı bize bu şekilde başlamayı öğretti ve toplantının başında Tanrı'nın Sözü'nü imanla ilan etmenin toplantının ruhsal atmosferi üzerinde büyük bir fark yarattığını ve konuşmacıyı mesh ettiğini keşfettik.

En sevdiğim ilanlardan biri çokça kullandığımız ve birçok yönden bu kitabı özetleyen bir ilandır:

-

"Gökten inen yağmur ve kar, toprağı sulamadan, yeri yeşertmeden, ekinciye tohum, yiyene ekmek vermeden nasıl göğe dönmezse, ağzımdan çıkan söz de öyle olacaktır. Bana boş dönmeyecek, istemimi yerine getirecek, yapması için onu gönderdiğim işi başaracaktır" (Yeş. 55:10-11).

İlanın Anlamı

İlan sözcüğü güçlü bir kelimedir. "Bağırarak söylemek" anlamına gelen Latince bir kelimeden türemiştir. Yeni Antlaşma'nın lisanında ilanla ilgili kullanılan kelime "ikrar etmek"tir. İkrar etmek "aynısını söylemek" anlamına gelir. Bizim için ikrar etmek, Kutsal Kitap'taki imanlılara benzer şekilde, Sözü vasıtasıyla Tanrı'nın zaten söylemiş olduğu sözün aynısını ağzımızla yinelemektir. Ağzımızdan çıkan sözleri Tanrı'nın Sözü'yle bağdaştırırız. Bu yolla, İsa'nın desteğini ve yetkisini alabilmek için kendimizi uygun duruma getiririz.

İbraniler 3:1'de, yazar İsa'nın "Açıkça benimsediğimiz [ikrar ettiğimiz][1] inancın Baş Kahini" olduğunu söyler. Bu çok önemli bir ifadedir.

---

[1] Yazarın KJV çevirisinden alıntıladığı ayetin anlamını yansıtması amacıyla çevirmen tarafından eklenmiştir.

Benimsediğiniz inancı ikrar etmediyseniz, Baş Kahininiz yok demektir. İsa, ikrar ettiğimiz şeyin Baş Kahinidir. Başka bir deyişle, İsa'daki imanlılar olarak Kutsal Kitap'ın bizimle ilgili söylediği sözleri ikrar ettiğimizde, İsa'ya göklerdeki Baş Kahinimiz olarak sahip oluruz ve O'nun yetkisi ve kutsaması üzerimize gelir.

Diğer yandan, sessiz kaldığımızda belli bir anlamda O'nun bize olan hizmetini kesmiş oluruz. Yanlış bir ikrarda bulunduğumuzda, daha da kötü bir şey yaparız. Belli bir anlamda, olumsuz güçleri bizi sarmalamaları ve etkin olmaları için üzerimize davet etmiş oluruz.

İlan, güçlü ve ısrarlı şekilde yapılan bir ikrardır. Ruhsal savaş hakkında konuşan bir sözdür. Bir durum üzerinde Tanrı Sözü'nün yetkisini açığa çıkarmaktır: Kendi yaşamınız üzerinde, kilisenin yaşamı üzerinde, siyasi veya her hangi bir konu üzerinde. Tanrı'nın gücünün açığa çıkıp üzerinde etkin olması gereken sayısız durum vardır. Tanrı'nın gücünü açığa çıkarmak için ilandan daha etkili bir yol yoktur.

İlan etmek aslında bir haberci (elçi) etkinliğidir. *Haberci* günümüzde pek kullanılmayan bir kelime olmakla birlikte, ortaçağda bir kralın, bir prensin veya soylu bir kişinin yetkili kıldığı ve meydanlarda hükümdarın isteğini ve kararını halka ilan eden kişiydi. Önce "duyduk duymadık demeyin" diye bağırır ve sonra ilan ederdi. Halk ne zaman "duyduk duymadık demeyin" sesini duysa, bunun otoritenin sesi olduğunu bilirdi ve söylenenleri dinlemek için dikkat kesilirdi. Yeni Antlaşma'da, birçok çeviride açıkça yer almamasına rağmen, *vaaz etmek* ifadesi haberciler için kullanılır ve "ilan etmek" anlamına gelir.

İletişimin Gücünü Arttırmak

Günümüzde, modern iletişim teknolojisiyle Tanrı'nın Sözü'nü her zamankinden çok daha kapsamlı bir şekilde ilan edebiliriz. Elli yılı aşkın bir süredir Kutsal Kitap öğretmeniyim ve daima görevimin Kutsal Kitap'ı yorumlamak, açıklamak ve anlamaları için insanlara yardım etmek olduğunu hissettim.

Yirmi yıldan fazla bir süredir, Rab *ilan* kelimesiyle üzerimde bir etki oluşturmaya başladı. Öğretme eylemimin ötesine geçip ilan etmeye başlamam için Rab'bin beni gayrete getirmek istediğini hissettim. Radyoda başladığım Kutsal Kitap öğretme hizmeti bunun bir sonucuydu. 1979 yılında Amerika'daki sekiz radyo kanalında başladı ve bugün on üçten fazla dile çevrildi ve dünya çapında etkili oldu.

Aslında bu bir ilan etme hizmetiydi. Radyo hizmetini kurmaya beni iten anahtar ayet Matta 24:14'tü:

"Göksel egemenliğin bu Müjdesi bütün uluslara tanıklık olmak üzere dünyanın her yerinde duyurulacak. İşte o zaman son gelecektir."

Biz, İsa Mesih'in kilisesi ve O'nun yeryüzündeki tanıkları olarak işimizi yapana dek bu çağ sona eremez. Görevimiz Müjde'yi tüm ulusların bir tanığı olarak tüm dünyaya ilan etmektir.

Tanrı Sözü'nün devasa gücünün ancak imanla ilan edilebileceğini deneyimlerimden öğrendim. Bu en olağanüstü işleri başarır. Hristiyan standartlarına hiç de uygun olmayan Amerikalı bir kadının hikayesini hatırlıyorum. Marksist, feminist ve lezbiyendi. Anlattığına göre, Güney Çin Denizi'ndeki küçük bir gemide kötü arkadaşlarıyla beraberken bir fırtına yaklaşıyordu. Arkadaşları ona şöyle dediler: "Aşağı in de radyoyu bir dinle bakalım, hava durumuyla ilgili bir şey bulabilecek misin?"

Radyoyu açtı ve Filipinlerin başkenti Manila'dan yayın yapan benim radyo programımın kanalı çıktı. Orada ve daha sonra onu kurtarabilecek kadarını duydu. Şimdi tamamen farklı biri; aksi yönde radikal (Tanrı için radikal). Onda bunu gerçekleştiren şey radyoda duyduğu öğretiler değildi, ilan edilen Söz işini yapmıştı.

Musa'nın Değneği

Tanrı'nın Mısır'a geri yollamak için çağırdığı ve oradan çıkmaları için İsrail'e kurtarıcı olarak atadığı Musa örneğime bakalım. Tanrı'nın ona yanan çalının içinden göründüğünü ve sonra Çıkış 4'te İsrailliler'i kurtarmak için geri dönmesi gerektiğini söylediğini hatırlarsınız. Musa'nın özgüveni 40 yaşındaki kadar değildi (artık 80 yaşındaydı). Şöyle dedi: "Neden ben Rab? Bir şey yapamam ki. Nasıl başaracağım?"

Tanrı her zamanki sadeliğiyle Musa'ya şöyle dedi: "Elinde ne var?" Musa da elinde, o zamanlar tüm çobanlarının taşıdığı türden, bir değnek olduğunu söyledi. O değnekle ilgili özel bir şey olabileceğini düşünmedi. Ama Rab "Onu yere at" dedi. Musa değneğini yere atınca, değnek yılan oldu ve Musa yılandan kaçtı. Başka bir deyişle, o değnekte Musa'nın daha önce hiç ummadığı veya hayal etmediği bir potansiyel vardı.

Sonra RAB, "Elini uzat, kuyruğundan tut" dedi. Yılanlarla uğraşan herkes size bir yılanı bu şekilde tutmamanız gerektiğini söyleyecektir. Ama Musa Tanrı'ya itaat etti ve elini uzatıp kuyruğunu tutunca yılan yine değnek oldu. Aslında Tanrı ona şunu dedi: "Şimdi al değneğini git. Tek ihtiyacın o değnek. Tüm işi o değnekle yapacaksın" (Bkz. Çıkış 3 ve 4).

Buradan başlayarak Mısırdan Çıkış kitabının geri kalanını incelerseniz, İsral'in Mısır'dan kurtuluş öyküsünün tamamının o değnekle gerçekleştirildiğini göreceksiniz. Musa Tanrı'nın müdahalesini her istediğinde değneğini uzattı ve Tanrı müdahale etti. Sonuç olarak, Musa Mısır'ın yönetimini firavunun elinden zorla çekip aldı. Bu yetkinin sembolü elindeki değnekti. Kızıldeniz'in sularından geçebilmek için suların yarılması gerektiğinde, Musa değneğini uzattı ve sular ortadan yarıldı.

Mısırlılar İsral'in çocuklarının peşinden deniz yatağından geçerken, Musa değneğini tekrar uzattı ve sular onları yuttu. Tanrı'nın onu çağırdığı tüm görevi boyunca Musa'nın ihtiyacı olan tek şey, o çoban değneğiydi; ilk eline aldığında hiçbir önemi olmadığını düşündüğü o değnek.

Söz ve Ruh Birlikte

Size şunu önermek isterim: Eğer Kutsal Kitap'a inanan, adanmış bir Hristiyan'sanız, sizin de elinizde bir değnek vardır. O değnek Tanrı'nın Sözü'dür. Kutsal Kitap'ı, Tanrı'nın yapmanız için sizi çağırdığı işi başarabilmek için ihtiyaç duyduğunuz elinizdeki tek araç olarak düşünün.

İlk olarak anlamamız gereken şey Tanrı Sözü'nün gücüdür. O doğaüstü bir kitaptır. Musa'nın değneği gibi, sahip olduğu güç ilk bakışta görünmez. Ama anlamaya başladığınızda, gücü gerçekten sınırsızdır.

Tanrı Sözü'nün gücünü gösteren birkaç ayet vereyim:

"Gökler RAB'bin sözüyle, gök cisimleri ağzından çıkan solukla yaratıldı" (Mezmur 33:6).

"Soluk" kelimesinin İbranice karşılığı *ruah*tır ve normalde "ruh" için kullanılan kelimedir. Yani, tüm yaratılış iki faktörle gerçekleşti: Tanrı'nın Sözü ve Tanrı'nın Ruhu. Var olan ve var olacak olan her şey, başlangıcını birlikte çalışan bu iki güce borçludur. Söz, Ruh'la birlikte çalışmalıdır. Belki de Mezmur yazarının *ruh* yerine *soluk* kelimesini kullanmasının nedeni budur.

Sözlerin büyük gücü ve buna rağmen ne kadar da basit oldukları üzerinde düşünün. Afrikalı öğrencilere ikinci dil olarak İngilizceyi öğretirken, ses bilimi hakkında temel bir eğitim almam gerekmişti. Sözcüklerle ilgili birkaç ilginç şey keşfettim. Aslında nasıl konuşuruz? Soluğumuzu akciğerlerimizden serbest bırakırız, ağzımızdan ve burnumuzdan geçer ve dışarıya çıkan sözcüğün sesini belirlemek için birçok farklı şey bir araya gelir.

Temel gerçek, soluk almadan konuşamayacağınızdır. Tanrı'nın konuşması da bu şekilde resmedilebilir. Her bir sözü konuştuğunda, o söz O'nun soluğu aracılığıyla taşınır; O'nun Ruhu aracılığıyla. Tanrı'nın Sözü ve Ruhu daima birlikte hareket ederler. Tanrı'nın Sözü ve Ruhu evreni meydana getirir ve aynı zamanda onu korurlar.

2. Petrus'ta, bize üç şey hakkında konuşan çok güçlü bir ayet vardır:

"Ne var ki, göklerin çok önceden Tanrı'nın sözüyle var olduğunu, yerin sudan ve su aracılığıy-

la şekillendiğini bile bile unutuyorlar. O zamanki dünya yine suyla, tufanla mahvolmuştu. Şimdiki yer ve göklerse ateşe verilmek üzere aynı sözle saklanıyor, tanrısızların yargılanarak mahvolacağı güne dek korunuyorlar" (2. Petrus 3:5-7).

Gökler Tanrı'nın Sözü'yle yaratıldı, Tanrı'nın Sözü'yle varlığını sürdürüyor ve Tanrı'nın zamanlaması uyarınca Tanrı'nın Sözü'yle yok olacak. Tanrı'nın Sözü yaratır, korur ve yok eder. Bazen, insanların yaşadığımız gezegene verdiği zarara baktığımda, Tanrı'nın Sözü'nün bir gün bu pisliği ortadan kaldırabileceğine memnun oluyorum. Tüm bunları, Tanrı kendi Sözü'yle yapar.

Başlarken alıntı yaptığımız Yeşaya 55:10-11 ayetlerine geri dönelim. Bu sözlerin Tanrı'nın ağzından çıkması gerekir, yoksa etkili olmaz:

"Gökten inen yağmur ve kar, toprağı sulamadan, yeri yeşertmeden, ekinciye tohum, yiyene ekmek vermeden nasıl göğe dönmezse, ağzımdan çıkan söz de öyle olacaktır. Bana boş dönmeyecek, istemimi yerine getirecek, yapması için onu gönderdiğim işi başaracaktır."

Tanrı'nın "Ağzımdan çıkan söz" dediğine dikkat edin. Başka bir deyişle, "Soluğumla harekete geçen sözüm."

2. Korintliler 3:6'da Pavlus, "Yazılı yasa öldürür" der. Yani, sözcüğün kendisi soluk olmadan yaşam getirmez. Söz ve Ruh birlikte olmalıdır. Kutsal Yazılar'la dopdolu bir vaaz verebilirsiniz, ancak vaaz Ruh'un soluğuna sahip değilse kurudur. Yaşam getirmez; ölüm getirir. İkisi daima beraber etkin olmalıdır.

Musa'nın deneyimiyle paralellik kurarak, Tanrı'nın Sözü'nü ilan ederek nasıl etkin hale getirebileceğimizi göstermek istiyorum. İlan etmekten kastım, Söz'ü bir durumun üzerinde serbest bırakmaktır. Güven ve cesaret gerektirir. İçine kapanıklar için değildir; inandığınıza ikna olmalısınız.

O Tanrı'nın Sözü'dür ve inanmış bir yürekle inanmış dudaklardan çıkan söz, Tanrı'nın Ruhu sizin aracılığıyla konuştuğunda Tanrı kendi konuşmuşçasına etkili olur. Tanrı'nın Ruhu Tanrı'nın Sözü'nü sizin ağzınızdan üflediğinde, Tanrı'nın evreni var ettiği zamanki kadar etkilidir.

Tanrı'nın Sözü'nde Titremeyi Öğrenmek

Musa'ya olan ilk şey korkmasıydı. Değneğini yere attı, değnek yılana dönüşünce ondan kaçtı. İlan etmekte etkili olabilmek için, ilk olarak Tanrı'nın Sözü'nden korkmayı öğrenmeliyiz. Tanrı'nın Sözü'nde titremeyi öğrenmeliyiz.

"RAB diyor ki, 'Gökler tahtım,
Yeryüzü ayaklarımın taburesidir.
Nerede benim için yapacağınız ev,
Neresi dinleneceğim yer?
Çünkü bütün bunları ellerim yaptı,
Hepsi böylece var oldu' diyor RAB.
'Ancak ben alçakgönüllüye, ruhu ezik olana,
Sözümden titreyen kişiye değer veririm'"
(Yeşaya 66:1-2).

Tanrı, O'nu etkileyebilecek bir şey inşa edemeyeceğimizi söyler, çünkü O zaten tüm evreni yarattı. Ama, değer verdiği bir şey olduğunu bildirir: "…..kişiye değer veririm."

Tanrı kime saygı gösterecek ve onu dikkate alacak? "Alçakgönüllü, ruhu ezik olan, Sözümden titreyen kişi"ye.

Bu yüzden, Musa gibi, bizim de ilk tepkimiz Tanrı'nın Sözü'nden korkmak ve saygıyla beklemektir. Günümüzde, kiliselerimizde Tanrı Sözü'nden korkudan pek eser kalmamıştır. Bu duruma aşinayız. Sözü tekrarlarız, başkalarına yayarız, ama O'na gereken saygıyı göstermeyiz. Bu tavrı değiştirmeliyiz.

Yuhanna İncili'nden Tanrı Sözü'nün huzurunda titrememizi gerektirecek iki neden vereyim. İlki Yuhanna 12:47-48:

"Sözlerimi işitip de onlara uymayanı ben yargılamam. Çünkü ben dünyayı yargılamaya değil, dünyayı kurtarmaya geldim. Beni reddeden ve sözlerimi kabul etmeyen kişiyi yargılayacak biri var. O kişiyi son günde yargılayacak olan, söylediğim sözdür."

Hepimiz Tanrı'nın Sözü'yle yargılanacağız. Kendinizi, yaşamınızın hesabını vermek için kudretli Tanrı'nın huzurunda dururken hayal edin, ki bir gün hepimiz bunu yapacağız. Herhalde titrerdiniz; çok endişelenirdiniz. İsa'nın söylediği şey, Tanrı'nın Sözü'ne karşı şimdi de aynı tavırda olmamız gerektiğidir. Çünkü, Tanrı'nın Sözü yargıcımız olacak. Kutsal Kitap'ın sayfalarını her açtığımızda ve okuduğumuzda, bir gün bizi yargılayacak olana baktığımızı anlayabilmeliyiz. Elbette O'ndan titrememiz gerekir.

İkinci olarak, İsa Yuhanna 14:23'te şaşırtıcı bir ifade kullanır:

"Beni seven sözüme uyar, Babam da onu sever. Biz de ona gelir, onunla birlikte yaşarız."

Bu, Kutsal Kitap'taki Tanrı için çoğul zamir kullanılan nadir yerlerden biridir. "Biz [Baba ve Oğul] de ona gelir..." Biz nasıl geleceğiz? Tanrı'nın Sözü aracılığıyla. Başka bir deyişle, kendimizi Tanrı'nın Sözü'ne açtığımızda, Tanrı'nın Kendisi (Baba ve Oğul) bizimle birlikte yaşamak için yaşamlarımıza geliyor.

Eğer bir şekilde mümkün olabilseydi, görüm olarak bile olsa Rab İsa'nın evinize geldiğini görseydiniz, mahcubiyet duyardınız. Bir çeşit saygıyla karışık korku hissederdiniz. Ayaklarına kapanmak isterdiniz. İsa burada şöyle diyor: "Sadece ben değil, Baba da gelecek." Tanrı'nın Sözü aracılığıyla gelecekler.

Modern kiliselerimizde birçoğumuz Tanrı Sözü'ne karşı tutumumuzu değiştirmek zorundayız. Daha büyük bir saygı, itibar ve korku sergilemeliyiz. Söz'ün önünde saygıyla eğilmedikçe, o Söz hayatlarımızda açıkladığım şekliyle etkili olamaz.

Tanrı'nın Sözü'nü Kavramak

Sözü duyunca korkudan titremek Musa'nın başına ilk gelen şeydi. Gücün değnekte olduğunu anlayıp ondan kaçtı. Çok korkmuştu. Yaptığı ikinci şey, değneği yerden alıp sıkıca kavramak oldu. Onu imanla kavradı ve yılan elinde tekrar değneğe dönüştü. Öyleyse, titrediğimizde Tanrı'nın Sözü'nü kavramamız gerekir.

149. Mezmur'un son birkaç ayeti bu konuda çok güçlü konuşur:

"Bu onurla mutlu olsun sadık kulları,
Sevinç ezgileri okusunlar yataklarında!
Ağızlarında Tanrı'ya yüce övgüler,
Ellerinde iki ağızlı kılıçla
Uluslardan öç alsınlar,
Halkları cezalandırsınlar,
Krallarını zincire,
Soylularını prangaya vursunlar!
Yazılan kararı onlara uygulasınlar!
Bütün sadık kulları için onurdur bu.
RAB'be övgüler sunun."

Burada sözü edilen kutsalların hepsi gerçektir, adanmış imanlılardır, Tanrı Sözü'nün sesinden titreyen ve ona tamamen kendini teslim eden imanlılardır. Burada bir dizi şaşırtıcı ifade yer alır. Kendinizi o kutsallarla özdeşleştirebiliyor musunuz? Ağzımızda Tanrı'ya yüce övgüler ve elimizde iki ağızlı kılıç varsa, o halde ulusları yargılayabiliriz. Kendinizi imanla bu senaryonun bir parçası olarak görebiliyor musunuz? Bu onur ve ayrıcalık tüm kutsallara aittir. Ne ürpertici bir sorumluluk! Kendimizi gerçekten bu ayetlerin ışığında görebildiğimizde, dua etme şeklimizin bir hayli değişeceğini sanıyorum.

"Yazılan kararı uygulamak" ifadesine dikkatinizi çekerim. Karar nerede yazılıdır? Söz'de. Onları yargılayacak olanlar bizler değiliz; Tanrı'dır. Ama bu yargıları uluslara ve onların yöneticilerine uygulama ayrıcalığına sahibiz. Yani, imanlıların bu hikayede benzersiz ve önemli bir rolü vardır.

Birçok Hristiyan'ın Tanrı'nın bize sağladığı şeyleri ve bizden beklediklerini anlamaktan bu kadar uzak olması acıklı bir durumdur. Yargılamayı bizim yapmadığımızı önemle vurgulamak isterim; yargı kararlarını Tanrı'nın Sözü'nde hazır buluyoruz. Bize düşen şeyse bunları uygulamaktır.

Bunu nasıl yapabiliriz? Yazılmış olan Tanrı'nın Sözü'ndeki yargıları ilan ederek. Sadece onları ilan ederiz; bizler habercileriz. Dünyanın Pazar meydanında dikilip "Duyduk duymadık demeyin" diye bağırırız. Ve sonra Tanrı'nın hükmünü duyururuz.

Yetkiyi Uygulamak

Bir sonraki aşamaya gelirken, çok pratik ve gerçekçi olmak istiyorum. Musa değneği kavradıktan sonra ne yaptı? Mısır'a geri döndüğünde değneğini ileri doğru uzattı. Değnekteki yetkiyi kullandı. Aynısını yapmamızı öneriyorum. Tanrı'nın yazılı Sözü'nü alıp Tanrı'nın yetkisine ihtiyaç duyulan durumların üzerine doğru uzatmalıyız.

Tanrı'nın gücünü bir durumun üzerinde serbest bırakmak için en etkili yollardan biri, imanla ve Kutsal Ruh'un meshi altında ilan etmektir. Tanrı'nın Sözü'nün solukla harekete geçtiğini unutmayın. Tanrı'nın soluğu veya Ruh'u O'nun sözünü ağzımızdan dışarı üflediğinde, onu bir olayın üzerinde serbest bırakabiliriz ve bu sözler orada kudretli Tanrı'nın tüm yetkisine sahiptir.

Tanrı tahtından aşağıya inip Musa'nın değneğini alıp şöyle demedi: "Bunu senin için ben yapacağım." Görünüşe bakılırsa birçoğumuzun beklediği şey budur. Ama Tanrı şöyle der: "Değnek sende, sen yapacaksın!" Çıkış 4:20'de bu değnek gerçekten de "Tanrı'nın değneği" olarak anılsa da, onu elinde tutup kullanan da Musa'ydı.

Tanrı'nın değneğine ihtiyaç duyulan birkaç durum göstereceğim. Kişisel olanlarla başlayıp, bölgesel, ulusal ve uluslararası olanlarla devam edeceğim. Değneğimizi ileriye doğru uzatmanın değişik yollarını göstermek istiyorum. Bunlar genellikle Rab'le geçirdiğim dua zamanlarımda kullandığım ilanlardır. Bu zamanlarım genellikle sessiz geçer! Bağırırsanız daha fazla güç olur demiyorum; bu tamamen Kutsal Ruh'un o zaman sizi nasıl yönlendirdiğine bağlıdır. Düzenli olarak tekrarladığım yüz ile iki yüz arasında ilanım vardır. Bunlardan bazılarını yüzlerce kez tekrarlamışımdır.

Olumsuz Düşünceyle Başa Çıkmak

Özellikle geçmişinizle ilgili olumsuz düşünceler ve konuşmalar söz konusuysa, bu ilanları bir kez yapmanın fazla bir etkisi olmayacağını unutmayın. Bu gibi durumlarda, göksel alemde gerçek bir değişiklik olması için defalarca ilan etmek gerekir. Düşüncenizin bir parçası olana dek söylemeye devam etmelisiniz.

Birçoğunuz benim İngiliz kökenli olduğumu bilirler ve İngilizler kötümserliğe bir hayli eğimlidirler; bu doğalarında vardır. Bense kötümserlerin kötümseriyim! Tanrı bende kademeli olarak köklü değişiklikler yapmaya devam ediyor. Bu O'nun çok zamanını aldı!

Ne zaman zor bir durumla karşılaşsam, doğrudan olabilecek en kötü şeyleri düşünmeye başlarım. Aynı sorun belki sizde de vardır.

Tanrı Sözü silahını değişik şekillerde kullanıyorum. Yeremya 29:11'de Tanrı İsrail'e şöyle der:

"'Çünkü sizin için düşündüğüm tasarıları biliyorum' diyor RAB. 'Kötü tasarılar değil, size umutlu bir gelecek sağlayan esenlik tasarıları bunlar.'"

Bu ayetin farklı çevirilerinde bu tasarılar için "Sizi başarılı kılacak, sizi refaha kavuşturacak" ifadeleri de kullanılır.

Olumsuz bir durum veya düşünceyle meşgul olduğum zamanlarda şöyle derim: "Rab, sana teşekkür ederim. Çünkü benim için olan planlarını biliyorum; onlar kötü değil iyi planlar, sefalet değil refah planları, bana bir gelecek ve bir umut veren planlar."

Bunu defalarca söylemem gerekebilir ama sonunda olumsuz atmosfer dağılır ve güçlü, güvenli ve olumlu bir tavır edinirim. Bunları güne başlarken söylerseniz iyi bir gününüz olur; o gün için yapmayı tasarladığınız şeyleri gerçekleştirirsiniz.

Yaklaşımınız başka insanların size karşı olan davranışları üzerinde büyük fark yaratır. Bir mağazaya olumlu bir tavırla girdiğinizde, personel size yardımcı olacaktır. Kötü bir hizmetle, saygısızlıkla ve sorunla karşılaşacağınızı düşünerek mağazaya girdiğinizde ise alacağınız şey bunlar olacaktır.

Yaptığınız ilanları kişiselleştirmenizin daima iyi bir şey olduğunu düşünüyorum. Bu yüzden, Kutsal Kitap'ın "Siz" dediği her yeri "Ben" olarak ifade edin. Böyle yaparak şunu demiş olursunuz: "Bu benimle ilgili." Kendini savunmayla başlayalım. İhtiyaç alanlarına taşınmaktan yoruldum; bazı Hristiyanlar kendi ihtiyaçlarının ötesine asla geçemezler.

Korkutucu ve olumsuz düşüncelerin saldırısı altında olduğunuzu ve sürekli olarak ölseniz ne olurdu sorusunun cevabını düşündüğünüzü varsayın. Belki de bir ameliyata gireceksiniz ve doktor oradan sağ çıkacağınızın garantisini veremiyordur.

Ruth hastalandığında benzer bir durumla karşılaştık. Binlerce kez kullanmamız gereken ayet şuydu:

"Ölmeyecek, yaşayacağım, RAB'bin yaptıklarını duyuracağım" (Mezmur 118:17).

İlan Yoluyla Korunma

İnsanların sizin aleyhinizde konuştuğunu hatta beddua ettiğini varsayalım. İlacınız Yeşaya 54:17'dir:

"Ama sana karşı yapılan hiçbir silah işe yaramayacak, mahkemede seni suçlayan her dili suçlu çıkaracaksın. RAB'be kulluk edenlerin mirası şudur: 'Onların gönenci bendendir' diyor RAB."

Ruth ve ben her gece uyumadan önce bunu söylerdik. Doğruluğumuzun Rab'den olduğunu ikrar ettiğimizde, bizi suçlayan dilleri mahkum edebiliriz. Onlar Tanrı'nın doğruluğunu reddettiklerinden her zaman kaybeden tarafta olacaklardır.

Söylememiz gerekenler konusunu açıklığa kavuşturmak isterim: "Aleyhimize konuşanları ve kötülüğümüzü isteyenleri bağışlıyoruz. Ve onları bağışlayarak Rab'bin adıyla kutsuyoruz." Her zaman olumsuzun yerine olumluyu koymayı istemeliyiz.

Kutsal Kitap, insanlar bizi lanetlediğinde onları lanetlemek yerine kutsamamız gerektiğini söyler. Pavlus şöyle dedi: *"Kötülüğe yenilme, kötülüğü iyilikle yen"* (Romalılar 12:21). Kötülüğü alt edebilecek tek güç iyiliktir.

Hizmetimize bir saldırı olduğunda Yasanın Tekrarı 33:25-27'den aldığımız bir ilanı kullanabiliriz:

" 'Kapı sürgülerin demir ve tunç olacak
Ve gücün yaşamın boyunca sürecektir.'
'Ey Yeşurun, sana yardım için
Göklere ve bulutlara görkemle binen,
Tanrı'ya benzer biri yok.
Sığınağın çağlar boyu var olan Tanrı'dır,
Seni taşıyan O'nun yorulmaz kollarıdır.
Düşmanı önünden kovacak

Ve sana, 'Onu yok et!' diyecek.'"

Bu şekilde yapılan bir ilan Şeytan'ı gerçekten korkutur. Savaşımızın insanlara karşı değil, yönetimlere, hükümranlıklara, bu karanlık dünyanın güçlerine, kötülüğün göksel yerlerdeki ruhsal ordularına karşı olduğunu unutmayalım. Tanrı'nın bize sağladığı silahlar çok güçlüdür, ama doğru bağlamda kullanılmalıdırlar.

Finansal ve Fiziksel İhtiyaçlar

Finansal ve fiziksel ihtiyaçlar gibi farklı türde ihtiyaçlarınız olabilir. Finansal ihtiyaçlar için 2. Korintliler 9:8'i kullanıyoruz.

"Her zaman, her yönden, her şeye yeterli ölçüde sahip olarak her iyi işe cömertçe katkıda bulunabilmeniz için, Tanrı her nimeti size bol bol sağlayacak güçtedir."

"Tanrı sağlayacak güçtedir" ifadesine dikkat edin. Bu harika ayette *her* sözcüğü beş kez, *cömertçe (bol bol)* ise iki kez tekrarlanıyor. Herhalde bir ayet daha fazla cömertlik barındıramazdı! Bu tamamen lütuftur. Ve bu lütfa nasıl sahip olunur? *"İman yoluyla, lütufla kurtuldunuz"* (Efesliler 2:8). Bu kazandığımız veya hak ettiğimiz bir şey değildir. Sosyal konumumuza bağlı değildir. Tanrı'nın lütfundaki her şeye imanla sahip oluruz. Bu ayet bizim hizmetimizin finansal temelidir.

Şimdi de, başa çıkamayacağınızı düşündüğünüz bir zorlukla karşılaştığınızı varsayalım. Yeterli eğitime, fiziksel gücüne, farkındalığa, kısaca o sorunu çözmek için gerekli olan hiçbir şeye sahip olmadığınızı düşünüyor olabilirsiniz. Bu gibi durumlarda başvuracağımız ayet Filipililer 4:13'tür. Bu biraz "Derek Prince" çevirisi olacak. Grekçe bilirim ve Tanrı bana en doğru anlamı çıkarmak için Grekçe yorumlama yeteneğimi diğer bildiğim dillerden daha fazla geliştirdi:

"Beni güçlendirenin aracılığıyla her şeyi yapabilirim."

Güçlendiren kelimesi Grekçe *dunamis* kelimesinden gelir ve bu kelime normalde "güç" olarak tercüme edilir. Yani, içinizde sizinle birlikte olan ve ilan ettiğinizde harekete geçen bir güç vardır. Bir şey yapabilmek için yeterli eğitime, fiziksel güce veya farkındalığa sahip olmasam da, Tanrı'nın isteğiyle bir göreve atandığımda beni içeriden güçlendiren Biri vardır.

Bir çeşit hastalıktan mustaripseniz, şifayla ilgili favori ayetlerimizden biri 1. Petrus 2:24'tür:

"Bizler günah karşısında ölelim, doğruluk uğruna yaşayalım diye, günahlarımızı çarmıhta kendi bedeninde yüklendi. O'nun yaralarıyla şifa buldunuz."

Ayetin ifadesinin geçmiş zaman kipinde olduğuna dikkatinizi çekerim. Kutsal Kitap günahlarımızın karşılığını İsa'nın çarmıhta ödemesi (kefaret) hakkında konuştuğunda asla gelecek zaman kullanmaz. İsa'nın gelişinden yedi yüz yıl önce Yeşaya şöyle dedi: *"Bizler onun yaralarıyla şifa bulduk"* (Yeşaya 53:5). İsa'nın çarmıhtaki ölümünden sonra Petrus geriye bakarak şöyle dedi: "O'nun yaralarıyla şifa bulduk."

Bu size tamamen farklı bir bakış açısı verir. Bu doğrudan hastalıktan muaf olduğunuz anlamına gelmez, ama size hastalıkla uğraşmak ve meydan okumak için farklı bir temel sağlar.

Bazen uzun bir süre ilan etmeye devam etmeniz gerekecektir. Hangisinin daha güvenilir olduğuna karar verin; Tanrı'nın Sözü mü yoksa hastalığınızın belirtileri mi?

Ulusal ve Uluslararası Olaylarda İlan

Şimdi daha agresif bir yaklaşımın gerekli olduğu bir alana giriyoruz. Ulusal ve uluslararası olaylarda müdahil olmaya değineceğim. Ruth ve ben kendi ihtiyaçlarımız haricindeki her türlü durumla ilgili dua etmek için epey zaman ayırırız, ulusların geleceği de buna dahildir. İşte sizi teşvik edip yardım edebilecek birkaç ayet.

En sevdiğim kombinasyonlardan biri Daniel 2:20-22 ve Daniel 4:34-35'tir. İlkindeki sözler Daniel'e, ikincisindekiler de Nabukadnezar'a aittir, ama mesaj aynıdır.

"Tanrı'nın adına öncesizlikten sonsuzluğa dek övgüler olsun! Bilgelik ve güç O'na özgüdür. O'dur zamanları ve mevsimleri değiştiren. Kralları tahttan indirir, tahta çıkarır. Bilgelere bilgelik, anlayışlılara bilgi verir. Derin ve gizli şeyleri ortaya çıkarır, karanlıkta neler olduğunu bilir, çevresi ışıkla kuşatılmıştır."

"O'nun egemenliği ebedi egemenliktir, Krallığı kuşaklar boyu sürecek. Dünyada yaşayanlar bir hiç sayılır. O gökteki güçlere de dünyada yaşayanlara da dilediğini yapar. O'nun elini durduracak, O'na, 'Ne yapıyorsun?' diyecek kimse yoktur."

Bu sözlerin ikinci kısmının kısa bir süre önce imansız olan bir hükümdardan geldiğini unutmayın. Bu bizi, dua etme şeklini öğrendiğimizde

Tanrı'nın kötü yöneticilerin yüreklerini gerçekten değiştirebileceği konusunda teşvik etmelidir.

Sırada 2. Tarihler kitabından iki metin var. İkisi de birer ayetten oluşan dualardır ve biz bunları genellikle harekete geçmeden önce elimizdeki durumla ilgili somut unsurlar için daha fazla dua etmeye odaklanmak için kullanırız. İlki 2. Tarihler 14:11:

"Ya RAB, güçlünün karşısında güçsüze yardım edebilecek senden başka kimse yoktur. Ey Tanrımız RAB, bize yardım et, çünkü sana güveniyoruz. Senin adınla bu kalabalığa karşı çıktık. Ya RAB, sen bizim Tanrımız'sın. İnsanlar sana karşı zafer kazanmasın."

İkincisi 2. Tarihler 20:6:

"Ey atalarımızın Tanrısı RAB, sen göklerde oturan Tanrı değil misin? Ulusların bütün krallıklarını yöneten sensin. Güç, kudret senin elinde. Kimse sana karşı duramaz."

Şimdi de Mezmur 33:8-12'ye bakalım. Dünya şartlarıyla mücadele ederken kullanılan çok güçlü bir anttır:

"Bütün yeryüzü RAB'den korksun,
Dünyada yaşayan herkes O'na saygı duysun.

Çünkü O söyleyince, her şey var oldu;
O buyurunca, her şey belirdi.
RAB ulusların planlarını bozar,
Halkların tasarılarını boşa çıkarır.
Ama RAB'bin planları sonsuza dek sürer,
Yüreğindeki tasarılar kuşaklar boyunca değiş-
mez.
Ne mutlu Tanrısı RAB olan ulusa,
Kendisi için seçtiği halka!"

Başka bir deyişle, tüm bunların içinden sıyrılıp kim kazanacak? Tanrısı Rab olan ulus kazana-cak. Devletlerin, ulusların, Amerika'nın vs. tüm planları Rab'bin planlarına karşı olduğu sürece anlamsızdırlar.

Pratik Uygulama

Şimdi, yirmi yılı aşkın bir süredir Ruth'la birlikte kullandığımız sayısız genel ve özel ilanı sizinle paylaşmak istiyorum.

Bu ilanlar, doğru şekilde kullanabilmeniz için sınıflandırılarak düzenlenmiştir. Yüzden fazla ilan var. Yani, her gün bir ilanı kullanmak ister-seniz dört ayda bitirebilirsiniz ve sonra yeni baş-tan başlayabilirsiniz.

Bir örnek teşkil etmesi amacıyla, 'Tanrı'nın Ko-rumasına Duyulan Güveni Beyan Etmek' başlığı altında bir dizi ilan göreceğiz. Ben bu ilanları düzenli olarak yaparım ve yaşamımda büyük fayda sağladığını gördüm.

Yıllar boyunca insanlardan bize tanıklıklar ulaştı ve insanlar bu ilanın içerdiği gerçekleri ilan ederken nasıl özgürleştiklerini ve Tanrı'nın varlığını nasıl daha derinden hissettiklerini bizimle paylaştılar.

Bu ilanı ve kitaptaki diğer ilanları almanız, üzerinde düşünmeniz ve imanla yaşamınıza uygulamanız için sizleri teşvik ediyorum. Bu ilanları sabah uyandığınızda ve geceleyin uyumadan önce kullanabilirsiniz.

Sadece okumaktansa, bunları yüksek sesle söylemenin daha etkili olduğuna inanıyorum. İlanın ruhunuza işlemesi için birkaç kez tekrar etmeniz iyi olur.

Tanrı'nın Korumasına Duyulan Güveni Beyan Etmek

Bana karşı yapılan hiçbir silah işe yaramayacak ve mahkemede bana uzatılan her dili suçlu çıkaracağım. Bu benim, RAB'bin hizmetkârı olarak mirasımdır ve doğruluğum Sen'den gelir, ey Orduların RAB'bi.

Aleyhimde konuşan veya dua eden, ya da bana zarar vermek isteyen veya beni dışlayan herkesi bağışlıyorum (belli birileri varsa isimleriyle söyleyin). Onları bağışlayarak, RAB'bin adıyla onları kutsuyorum.

Şimdi ilan ediyorum ey RAB, Sen ve yalnızca Sen benim Tanrım'sın ve başka tanrım yoktur; her şeyin Tanrı'sısın ve benim Kurtarıcımsın, Baba, Oğul ve Kutsal Ruh ve ben Sana tapınırım!

Bugün, koşulsuz bir itaatle kendimi bir kez daha Sana teslim ediyorum. Kendimi sana teslim ederek RAB, Sözlerini yerine getiriyorum. Şeytan'a karşı duruyorum: Tüm baskılarına, saldırılarına, kandırmacalarına ve bana karşı kullanmak istediği her unsura veya kişiye karşı duruyorum. Ona teslim olmuyorum! İsa'nın adıyla ona direniyorum, kendimden uzaklaştırıyorum ve onu kovuyorum.

Özellikle, güçsüzlüğü, enfeksiyonu, ağrıyı, iltihabı, tümörleri, alerjileri, virüsleri, ..., büyücülüğün her türünü, stresin her türünü reddediyor ve kovuyorum (size karşı etkin olduğunu düşündüğünüz her hastalığı veya ruhu adlandırarak ifade edin).

Son olarak RAB, İsa'nın çarmıhta kendini kurban etmesiyle altında bulunduğum lanetten çıktığım ve yücelikle, sağlıkla, zenginlikle, zaferle, Tanrı'nın iyiliğiyle ve Tanrı'nın dostu olmakla kutsadığın İbrahim'in kutsamasına girdiğim için Sana teşekkür ederim. Amin

Aşağıda Kutsal Kitap'tan alınan ilanlar denenmiş ve kendi yaşamımızda sınanmışlardır. Ezberlediğimiz bu metinler, Kutsal Ruh'un bize karşı hassasiyet gösterdiği belli tercümelerden alınmışlardır.[2]

İlanların Sınıflandırılması

Ayetler aşağıdaki başlıklar altında sınıflandırılmışlardır:

Rab Korkusu
Doğruluk ve Kutsallık
Sağlık ve Güç
Rehberlik, Korunma ve Muhafaza Etme
Tanrı'nın İnsani Meselelere Müdahalesi
Sınanmalar ve Sıkıntılar
Ruhsal Çatışma

---

[2] Çevirmen Notu: Ayetlerde ikinci veya üçüncü şahıs olarak anılan öznelerin bazıları, ilanların kişiselleştirilmesi amacıyla, yazar tarafından birinci şahıs olarak değiştirilmiştir.

Mükemmel Kurtarış
Zihinsel ve Duygusal İstikrar
Tanrı'ya Hizmet Etmek

Son olarak, benim en sevdiklerimden olan üç geniş kapsamlı ilan vardır.

Bir süre sonra, Kutsal Ruh'un sizin için canlı hale getireceği başka ayetler de bulabilirsiniz. Her bölümün sonundaki sayfada kişisel dua ve ilanları bulabilirsiniz.

Bu ayetlerin sizin hayatınızda da en azından bizimkisi kadar etkili olması için dua ediyorum. Bu ilanlar yenilgiyle zafer arasındaki farkı belirlemişlerdir.

İlanlar

Rab Korkusu

İşte Rab korkusu, bilgelik budur,
Kötülükten kaçınmak akıllılıktır.

Eyüp 28:28

Ama ben sana güveniyorum, ya RAB,
'Tanrım sensin!' diyorum.
Hayatım senin elinde,
İyiliğin ne büyüktür, ya RAB,
Onu senden korkanlar için saklarsın,
Herkesin gözü önünde,
Sana sığınanlara iyi davranırsın.
İnsanların düzenlerine karşı,
Koruyucu huzurunla üzerimize kanat gerersin;
Saldırgan dillere karşı,
Bizi çardağında gizlersin.

Mezmur 31:14-15a, 19-20

Gelin, ey çocuklar, dinleyin beni:
Size RAB korkusunu öğreteyim.
Kim yaşamdan zevk almak,
İyi günler görmek istiyorsa,

Dilini kötülükten,
Dudaklarını yalandan uzak tutsun.
Kötülükten sakının, iyilik yapın;
Esenliği amaçlayın, ardınca gidin.

Mezmur 34:11-14

Bilgeliğin temeli RAB korkusudur,
O'nun kurallarını yerine getiren herkes
Sağduyu sahibi olur.
O'na sonsuza dek övgü sunulur!

Mezmur 111:10

RAB korkusudur bilginin temeli.
Ahmaklarsa bilgeliği ve terbiyeyi küçümser.

Özdeyişler 1:7

RAB'den korkmak
Kötülükten nefret etmek demektir.
Kibirden, küstahlıktan,
Kötü yoldan, sapık ağızdan nefret ederim.

Özdeyişler 8:13

RAB korkusudur bilgeliğin temeli.
Akıl Kutsal Olan'ı tanımaktır.
Benim sayemde günlerin çoğalacak,
Ömrüne yıllar katılacak.

Özdeyişler 9:10-11

RAB'den korkan tam güvenliktedir,
RAB onun çocuklarına da sığınak olacaktır.
RAB korkusu yaşam kaynağıdır,
İnsanı ölüm tuzaklarından uzaklaştırır.

Özdeyişler 14:26-27

RAB korkusu,
Doygun ve dertsiz bir yaşama kavuşturur.

Özdeyişler 19:23

Alçakgönüllülüğün ve RAB korkusunun ödülü,
Zenginlik, onur ve yaşamdır.

Özdeyişler 22:4

Doğruluk ve Kutsallık

İşte çevremizi bu denli büyük bir tanıklar bulutu sardığına göre, biz de her yükü ve bizi kolayca kuşatan günahı üzerimizden sıyırıp atalım ve önümüze konan yarışı sabırla koşalım. Gözümüzü imanımızın öncüsü ve tamamlayıcısı İsa'ya dikelim.

O kendisini bekleyen sevinç uğruna utancı hiçe sayıp çarmıhta ölüme katlandı ve Tanrı'nın tahtının sağında oturdu.

Oysa biz Siyon Dağı'na, yaşayan Tanrı'nın kenti olan göksel Yeruşalim'e, bir bayram şenliği içindeki on binlerce meleğe, adları göklerde yazılmış ilk doğanların topluluğuna yaklaştık.

Herkesin yargıcı olan Tanrı'ya, yetkinliğe erdirilmiş doğru kişilerin ruhlarına, yeni antlaşmanın aracısı olan İsa'ya ve Habil'in kanından daha üstün bir anlam taşıyan serpmelik kana yaklaştık.
İbraniler 12:1-2, 22-24

Duamız şudur ki, sevgimiz, bilgi ve her tür sezgiyle durmadan artsın.

Öyle ki, üstün değerleri ayırt edebilelim ve böylece Tanrı'nın yüceltilip övülmesi için İsa Mesih aracılığıyla gelen doğruluk meyvesiyle dolarak, Mesih'in gününde saf ve kusursuz olalım.

Filipililer 1:9-11

O zaman büyük isyandan uzak,
Kusursuz olurum.
Ağzımdan çıkan sözler,
Yüreğimdeki düşünceler,
Kabul görsün senin önünde,
Ya RAB, kayam, kurtarıcım benim!

Mezmur 19:13-14

Ama içtenlikle tapınanların Baba'ya ruhta ve gerçekte tapınacakları saat geliyor. İşte, o saat şimdidir. Baba da kendisine böyle tapınanları arıyor.
Tanrı ruhtur, O'na tapınanlar da ruhta ve gerçekte tapınmalıdırlar.

Yuhanna 4:23-24

Duamız şudur:
Tam bir bilgelik ve ruhsal anlayışla Tanrı'nın isteğini bütünüyle bilmeyi diliyoruz.

Rab'be yaraşır biçimde yaşamak, O'nu her yönden hoşnut etmek, her iyi işte meyve vererek Tanrı'yı tanımakta ilerlemek için dua ediyoruz.
Her şeye sevinçle katlanıp sabredebilmek için O'nun yüce gücüne dayanarak bütün kudretle güçlenmeyi diliyoruz.
Bizi kutsalların ışıktaki mirasına ortak olmaya yeterli kılan Baba'ya şükretmek için dua ediyoruz.
O bizi karanlığın hükümranlığından kurtarıp sevgili Oğlu'nun egemenliğine aktardı. O'nda kurtuluşa, günahlarımızın bağışına sahibiz.

Koloseliler 1:9b-14

Oğlum, bilgeliğe kulak verip,
Yürekten akla yönelerek sözlerimi kabul eder,
Buyruklarımı aklında tutarsan,
Evet, aklı çağırır,
Ona gönülden seslenirsen,
Gümüş ararcasına onu ararsan,
Onu ararsan define arar gibi,
RAB korkusunu anlar
Ve Tanrı'yı yakından tanırsın.

Özdeyişler 2:1-5

Esenlik kaynağı olan Tanrı'nın kendisi bizi tümüyle kutsal kılsın. Ruhumuz, canımız ve bedenimiz Rabbimiz İsa Mesih'in gelişinde eksiksiz ve kusursuz olmak üzere korunsun.

Bizi çağıran Tanrı güvenilirdir; bunu yapacaktır.
1. Selanikliler 5:23-24

Ne mutlu o insana ki,
Kötülerin öğüdüyle yürümez,
Günahkârların yolunda durmaz,
Alaycıların arasında oturmaz.
Ancak zevkini RAB'bin Yasası'ndan alır,
Ve gece gündüz onun üzerinde
Derin derin düşünür.
Böylesi akarsu kıyılarına dikilmiş ağaca benzer,
Meyvesini mevsiminde verir,
Yaprağı hiç solmaz;
Yaptığı her işi başarır.
Mezmur 1:1-3

Yüce ve görkemli Olan,
Sonsuzlukta yaşayan, adı Kutsal Olan diyor ki:
'Yüksek ve kutsal yerde yaşadığım halde,
Alçakgönüllülerle, ezilenlerle birlikteyim.
Yüreklerini sevindirmek için ezilenlerin yanında-
yım.
Ben alçakgönüllüye, ruhu ezik olana,
Sözümden titreyen kişiye değer veririm.'
Yeşaya 57:15, 66:2b

Tanrı'nın kutsal ve sevgili seçilmişleri olarak yürekten sevecenliği, iyiliği, alçakgönüllülüğü, sabrı, yumuşaklığı giyiniyoruz.

Birbirimize hoşgörülü davranıyoruz. Birimizin ötekinden bir şikâyeti olduğunda, Rab'bin bizi bağışladığı gibi, biz de birbirimizi bağışlıyoruz.

Bunların hepsinin üzerine yetkin birliğin bağı olan sevgiyi giyiniyoruz.

Mesih'in esenliği yüreklerimizde hakem olsun. Tek bir bedenin üyeleri olarak bu esenliğe çağrıldık. Şükrediyoruz!

Mesih'in sözü bütün zenginliğiyle içimizde yaşıyor. Tam bir bilgelikle birbirimize öğretiyor, öğüt veriyor, mezmurlar, ilahiler, ruhsal ezgiler söyleyerek yüreklerimizde ş ükranla Tanrı'ya nağmeler yükseltiyoruz.

Söylediğimiz, yaptığımız her şeyi Rab İsa'nın adıyla, O'nun aracılığıyla Baba Tanrı'ya şükrederek yapıyoruz.

Koloseliler 3:12-17

Çünkü Tanrı'nın bütün insanlara kurtuluş sağlayan lütfu ortaya çıkmıştır.

Bu lütuf, tanrısızlığı ve dünyasal arzuları reddedip şimdiki çağda sağduyulu, doğru, Tanrı yoluna yaraşır bir yaşam sürebilmemiz için bizi eğitiyor.

Bu arada, mübarek umudumuzun gerçekleşmesi-
ni, ulu Tanrı ve Kurtarıcımız İsa Mesih'in yücelik
içinde gelmesini bekliyoruz.
Mesih bizi her suçtan kurtarmak, arıtıp kendisine
ait, iyilik etmekte gayretli bir halk yapmak üzere
kendini bizim için feda etti.

Titus 2:11-14

Sevgili kardeşlerim, birbirimizi sevelim. Çünkü
sevgi Tanrı'dandır. Seven herkes Tanrı'dan doğ-
muştur ve Tanrı'yı tanır.
Sevmeyen kişi Tanrı'yı tanımaz. Çünkü Tanrı
sevgidir.
Tanrı biricik Oğlu aracılığıyla yaşayalım diye
O'nu dünyaya gönderdi, böylece bizi sevdiğini
gösterdi.
Tanrı'yı biz sevmiş değildik, ama O bizi sevdi ve
Oğlu'nu günahlarımızı bağışlatan kurban olarak
dünyaya gönderdi. İşte sevgi budur.
Sevgili kardeşlerim, Tanrı bizi bu kadar çok sev-
diğine göre biz de birbirimizi sevmeye borçluyuz.
Tanrı'nın bize olan sevgisini tanıdık ve buna
inandık. Tanrı sevgidir.
Sevgide yaşayan Tanrı'da yaşar, Tanrı da onda
yaşar.

1. Yuhanna 4:7-11, 16.

Bundan böyle doğruluk tacı benim için hazır duruyor.
Adil yargıç olan Rab o gün bu tacı bana,
Yalnız bana değil,
O'nun gelişini özlemle beklemiş olanların hepsine verecektir.

2. Timoteos 4:8

Ne mutlu ruhta yoksul olanlara!
Çünkü Göklerin Egemenliği onlarındır.
Ne mutlu yaslı olanlara!
Çünkü onlar teselli edilecekler.
Ne mutlu yumuşak huylu olanlara!
Çünkü onlar yeryüzünü miras alacaklar.
Ne mutlu doğruluğa acıkıp susayanlara!
Çünkü onlar doyurulacaklar.
Ne mutlu merhametli olanlara!
Çünkü onlar merhamet bulacaklar.
Ne mutlu yüreği temiz olanlara!
Çünkü onlar Tanrı'yı görecekler.
Ne mutlu barışı sağlayanlara!
Çünkü onlara Tanrı oğulları denecek.
Ne mutlu doğruluk uğruna zulüm görenlere!
Çünkü Göklerin Egemenliği onlarındır.
Benim yüzümden insanlar size sövüp zulmettikleri, yalan yere size karşı her türlü kötü sözü söyledikleri zaman ne mutlu size!

Sevinin, sevinçle coşun!
Çünkü göklerdeki ödülünüz büyüktür.
Sizden önce yaşayan peygamberlere de böyle
zulmettiler.

Matta 5:3-12

Sağlık ve Güç

Bilmiyor musun,
Duymadın mı?
Ebedi Tanrı, RAB,
Bütün dünyayı yaratan,
Ne yorulur ne de zayıflar,
O'nun bilgisi kavranamaz.
Yorulanı güçlendirir,
Takati olmayanın kudretini artırır.
Gençler bile yorulup zayıf düşer,
Yiğitler tökezleyip düşerler.
RAB'be umut bağlayanlarsa taze güce kavuşur,
Kanat açıp yükselirler kartallar gibi.
Koşar ama zayıf düşmez,
Yürür ama yorulmazlar.

Yeşaya 40:28-31

Tanrı'nın gücü benim zayıflığımda tamamlanır,
böylece ne zaman zayıfsam o zaman güçlüyüm.

2. Korintliler 12:9-10

Doğru insan hurma ağacı gibi serpilecek,
Lübnan sediri gibi yükselecek.
RAB'bin evinde dikilmiş,
Tanrımız'ın avlularında serpilecek.
Böyleleri yaşlanınca da meyve verecek,
Taptaze ve yeşil kalacaklar.
'RAB doğrudur! Kayamdır benim!
O'nda haksızlık bulunmaz!' diye duyuracaklar.

Mezmur 92:12-15

Ama ben her zaman umutluyum,
Sana övgü üstüne övgü dizeceğim.
Gün boyu senin zaferini,
Kurtarışını anlatacağım,
Ölçüsünü bilmesem de.
Ey Egemen RAB, gelip yiğitliklerini,
Senin, yalnız senin zaferini duyuracağım.
Ey Tanrı, çocukluğumdan beri beni
Sen yetiştirdin,
Senin harikalarını hâlâ anlatıyorum.
Yaşlanıp saçlarıma ak düşse bile
Terk etme beni, ey Tanrı,
Gücünü gelecek kuşağa,
Kudretini sonrakilere anlatana dek.

Mezmur 71:14-18

Oğlum, sağlam öğüde, sağgörüye tutun.
Sakın gözünü ayırma onlardan.
Onlar sana yaşam verecek
Ve boynuna güzel bir süs olacak.
O zaman güvenlik içinde yol alırsın,
Sendelemeden.
Korkusuzca yatar,
Tatlı tatlı uyursun.
Beklenmedik felaketten,
Ya da kötülerin uğradığı yıkımdan korkma.
Çünkü senin güvencen RAB'dir,
Tuzağa düşmekten seni O koruyacaktır.

Özdeyişler 3:21-26

Beni güçlendirenin aracılığıyla her şeyi yapabili-
rim.

Filipililer 4:13

RAB halkına güç verir,
Halkını esenlikle kutsar!

Mezmur 29:11

Ne heybetlisin, ey Tanrı, tapınağında!
İsrail'in Tanrısı'na,
Halkına güç, kudret veren Tanrı'ya övgüler ol-
sun!

Oğlum, sözlerime dikkat et,
Dediklerime kulak ver.
Aklından çıkmasın bunlar,
Onları yüreğinde sakla.
Çünkü onları bulan için yaşam,
Bedeni için şifadır bunlar.
Her şeyden önce de yüreğini koru,
Çünkü yaşam ondan kaynaklanır.

Özdeyişler 4:20-23

Rab Ruh'tur,
Rab'bin Ruhu neredeyse orada özgürlük vardır.
Ve biz hepimiz peçesiz yüzle
Rab'bin yüceliğini görerek yücelik üstüne yüce-
likle
O'na benzer olmak üzere değiştiriliyoruz.
Bu da Ruh olan Rab sayesinde oluyor.

2. Korintliler 3:17-18

Rehberlik, Korunma ve Muhafaza Etme

RAB her kötülükten beni korur,
Esirger canımı.
Şimdiden sonsuza dek
RAB koruyacak gidişimi, gelişimi.

Yırtıcı kuş yolu bilmez,
Doğanın gözü onu görmemiştir.
Güçlü hayvanlar oraya ayak basmamış,
Aslan oradan geçmemiştir.
O bütün canlıların gözünden uzaktır,
Gökte uçan kuşlardan bile saklıdır.

Mezmur 121:7-8; Eyüp 28:7-8, 21

RAB benim ışığım, kurtuluşumdur,
Kimseden korkmam.
RAB yaşamımın kalesidir,
Kimseden yılmam.
Hasımlarım, düşmanlarım olan kötüler,
Beni yutmak için üzerime gelirken
Tökezleyip düşerler.
Karşımda bir ordu konaklasa,
Kılım kıpırdamaz,
Bana karşı savaş açılsa,
Yine güvenimi yitirmem.
RAB'den tek dileğim, tek isteğim şu:
RAB'bin güzelliğini seyretmek,
Tapınağında O'na hayran olmak için
Ömrümün bütün günlerini
O'nun evinde geçirmek.
Çünkü O kötü günde beni çardağında gizleyecek,
Çadırının emin yerinde saklayacak,
Yüksek bir kaya üzerine çıkaracak beni.
O zaman çevremi saran düşmanlarıma karşı

Başım yukarı kalkacak,
Sevinçle haykırarak kurbanlar sunacağım
O'nun çadırında,
O'nu ezgilerle, ilahilerle öveceğim.

Mezmur 27:1-6

Yolda sizi koruması, hazırladığım yere götürmesi için önünüzden bir melek gönderiyorum.
Ona dikkat edin, sözünü dinleyin, başkaldırmayın. Çünkü beni temsil ettiği için başkaldırınızı bağışlamaz.
Ama onun sözünü dikkatle dinler, bütün söylediklerimi yerine getirirseniz, düşmanlarınıza düşman, hasımlarınıza hasım olacağım.
Meleğim önünüzden gidecek, sizi Amor, Hitit, Periz, Kenan, Hiv ve Yevus topraklarına götürecek. Onları yok edeceğim.
Onların ilahları önünde eğilmeyecek, tapınmayacaksınız; törelerini izlemeyeceksiniz. Tersine, ilahlarını yok edecek, dikili taşlarını büsbütün parçalayacaksınız.
Tanrınız RAB'be tapacaksınız. Ekmeğinizi, suyunuzu bereketli kılacak, aranızdaki hastalıkları yok edeceğim.
Ülkenizde kısır ve çocuk düşüren kadın olmayacak. Size uzun ömür vereceğim.
Dehşetimi önünüzden gönderecek, karşılaşacağınız bütün halkları şaşkına çevireceğim.

Düşmanlarınız önünüzden kaçacak.

Çıkış 23:20-27

Ölmeyecek, yaşayacağım,
RAB'bin yaptıklarını duyuracağım.

Mezmur 118:17

Evi RAB yapmazsa,
Yapıcılar boşuna didinir.
Kenti RAB korumazsa,
Bekçi boşuna bekler.

Mezmur 127:1

RAB'be güveniyoruz bütün yüreğimizle,
Kendi aklımıza bel bağlamıyoruz.
Yaptığımız her işte RAB'bi anıyoruz,
O bizim yolu düze çıkarır.
Kendimizi bilge kişiler olarak görmüyoruz,
RAB'den korkuyor,
Kötülükten uzak duruyoruz.
Böylece bedenimiz sağlık
Ve ferahlık buluyor.

Özdeyişler 3:5-8

Yasa Kitabı'nda yazılanları dilinden düşürme.
Tümünü özenle yerine getirmek için gece gündüz

onu düşün. O zaman başarılı olacak ve amacına ulaşacaksın.

Sana güçlü ve yürekli ol demedim mi? Korkma, yılma. Çünkü Tanrın RAB gideceğin her yerde seninle birlikte olacak.

Yeşu 1:8-9

RAB iyidir,
Sığınaktır sıkıntı anında.
Korur kendisine sığınanları.

Nahum 1:7

Ne mutlu, ya RAB, yola getirdiğin,
Yasanı öğrettiğin insana!
Kötüler için çukur kazılıncaya dek,
Onu sıkıntılı günlerden kurtarıp rahatlatırsın.

Mezmur 94:12-13

Korkma, çünkü ben seninleyim,
Yılma, çünkü Tanrın benim.
Seni güçlendireceğim, evet, sana yardım edeceğim;
Zafer kazanan sağ elimle sana destek olacağım.

Yeşaya 41:10

Çünkü sizin için düşündüğüm tasarıları biliyorum diyor RAB.

Kötü tasarılar değil, size umutlu bir gelecek sağ-
layan esenlik tasarıları bunlar.

Yeremya 29:11

Tanrı'nın yolu kusursuzdur,
RAB'bin sözü arıdır.
O kendisine sığınan herkesin kalkanıdır.

Mezmur 18:30

Rab beni her kötülükten kurtarıp güvenlik içinde
göksel egemenliğine ulaştıracak.
Sonsuzlara dek O'na yücelik olsun! Amin.

2. Timoteos 4:18

İtilip kakıldım, düşmek üzereydim,
Ama RAB yardım etti bana.
RAB gücüm ve ezgimdir,
O kurtardı beni.
Sevinç ve zafer çığlıkları
Çınlıyor doğruların çadırlarında:
RAB'bin sağ eli güçlü işler yapar!
RAB'bin sağ eli üstündür,
RAB'bin sağ eli güçlü işler yapar!
Ölmeyecek, yaşayacağım,
RAB'bin yaptıklarını duyuracağım.
RAB beni şiddetle yola getirdi,
Ama ölüme terk etmedi.

RAB'bin sevgisi hiç tükenmez,
Merhameti asla son bulmaz;
Sayesinde yok olmadık.
Her sabah tazelenir onlar,
Sadakatin büyüktür.
'Benim payıma düşen RAB'dir' diyor canım,
'Bu yüzden O'na umut bağlıyorum.'
RAB kendisini bekleyenler,
O'nu arayan canlar için iyidir.
RAB'bin kurtarışını sessizce beklemek iyidir.

Ağıtlar 3:22-26

Sevinsin sana sığınan herkes,
Sevinç çığlıkları atsın sürekli,
Kanat ger üzerlerine;
Sevinçle coşsun adını sevenler sende.
Çünkü sen doğru kişiyi kutsarsın, ya RAB
Çevresini kalkan gibi lütfunla sararsın.

Mezmur 5:11-12

Tanrı'nın İnsani Meselelere Müdahalesi

Şöyle dedi:

Tanrı'nın adına öncesizlikten sonsuzluğa dek
övgüler olsun!
Bilgelik ve güç O'na özgüdür.
O'dur zamanları ve mevsimleri değiştiren.
Kralları tahttan indirir, tahta çıkarır.
Bilgelere bilgelik,
Anlayışlılara bilgi verir.
Derin ve gizli şeyleri ortaya çıkarır,
Karanlıkta neler olduğunu bilir,
Çevresi ışıkla kuşatılmıştır...
O'nun egemenliği ebedi egemenliktir,
Krallığı kuşaklar boyu sürecek.
Dünyada yaşayanlar bir hiç sayılır.
O gökteki güçlere de dünyada yaşayanlara da
Dilediğini yapar.
O'nun elini durduracak,
O'na, 'Ne yapıyorsun?' diyecek kimse yoktur.

Daniel 2:20-22, 4:34b-35

İman yoluyla, lütufla kurtulduk. Bu bizim başa-
rımız değil, Tanrı'nın armağanıdır.
Kimsenin övünmemesi için iyi işlerin ödülü de-
ğildir.
Çünkü biz Tanrı'nın yapıtıyız, O'nun önceden
hazırladığı iyi işleri yapmak üzere Mesih İsa'da
yaratıldık.

Efesliler 2:8-10

Göster harika sevgini,
Ey sana sığınanları saldırganlardan sağ eliyle
kurtaran!
Koru beni gözbebeğin gibi;
Kanatlarının gölgesine gizle;
Kötülerin saldırısından,
Çevremi saran ölümcül düşmanlarımdan.

Mezmur 17:7-9

Ya RAB, güçlünün karşısında güçsüze yardım
edebilecek senden başka kimse yoktur. Ey Tan-
rımız RAB, bize yardım et, çünkü sana güveniyo-
ruz. Senin adınla bu kalabalığa karşı çıktık. Ya
RAB, sen bizim Tanrımız'sın. İnsanlar sana karşı
zafer kazanmasın.

2. Tarihler 14:11

Ey atalarımızın Tanrısı RAB, sen göklerde otu-
ran Tanrı değil misin? Ulusların bütün krallıkla-
rını yöneten sensin. Güç, kudret senin elinde.
Kimse sana karşı duramaz.

2. Tarihler 20:6

Hapiste olanları, onlarla birlikte hapsedilmiş
gibi anımsıyoruz. Bizim de bir bedenimiz oldu-
ğunu düşünerek baskı görenleri hatırlıyoruz.

Filadelfya'daki kilisenin meleğine yaz.
Kutsal ve gerçek olan,
Davut'un anahtarına sahip olan,
Açtığını kimsenin kapayamadığı,
Kapadığını kimsenin açamadığı kişi şöyle diyor:
'Yaptıklarını biliyorum.
İşte önüne kimsenin kapayamayacağı açık bir kapı koydum.
Gücünün az olduğunu biliyorum;
Yine de sözüme uydun,
Adımı yadsımadın'.

Vahiy 3:7-8

Siyon'dan nefret eden herkes
Utanç içinde geri çekilsin.
Damlardaki ota,
Büyümeden kuruyan ota dönsünler.

Mezmur 129:5-6

Şaşkına çevir kötüleri, ya Rab,
Karıştır dillerini...

Mezmur 55:9

Kalmayacak kötülerin asası,

Doğruların payına düşen toprakta...

Mezmur 125:3

Ey RAB'bin ilkelerini yerine getirenler,
Ülkedeki bütün alçakgönüllüler,
RAB'be yönelin.
Doğruluğu ve alçakgönüllülüğü amaç edinin.
Belki RAB'bin öfke gününde kurtulabilirsiniz.

Sefanya 2:3

RAB görkemli adının hatırına halkını bırakma-
yacak.
Çünkü bizi kendi halkı kılmaktan hoşnut kaldı.

1. Samuel 12:22

Kulların İbrahim'i, İshak'ı, İsrail'i anımsa. Onla-
ra kendi üzerine ant içtin, 'Soyunuzu gökteki
yıldızlar kadar çoğaltacağım. Söz verdiğim bu
ülkenin tümünü soyunuza vereceğim. Sonsuza
dek onlara miras olacak.'

Çıkış 32:13

Bütün yeryüzü RAB'den korksun,
Dünyada yaşayan herkes O'na saygı duysun.
Çünkü O söyleyince, her şey var oldu;
O buyurunca, her şey belirdi.
RAB ulusların planlarını bozar,
Halkların tasarılarını boşa çıkarır.

Ama RAB'bin planları sonsuza dek sürer,
Yüreğindeki tasarılar kuşaklar boyunca değiş-
mez.
Ne mutlu Tanrısı RAB olan ulusa,
Kendisi için seçtiği halka!

Mezmur 33:8-12

RAB bizden yana olmasaydı,
Desin şimdi İsrail:
RAB bizden yana olmasaydı,
İnsanlar bize saldırdığında,
Diri diri yutarlardı bizi,
Öfkeleri bize karşı alevlenince.
Sular silip süpürürdü bizleri,
Seller geçerdi üzerimizden.
Kabaran sular
Aşardı başımızdan.
Övgüler olsun
Bizi onların ağzına yem etmeyen RAB'be!
Bir kuş gibi
Kurtuldu canımız avcının tuzağından,
Kırıldı tuzak, kurtulduk.
Yeri göğü yaratan RAB'bin adı yardımcımızdır.

Mezmur 124

Esenlik dileyin Yeruşalim'e:
'Huzur bulsun seni sevenler!

Surlarına esenlik,
Saraylarına huzur egemen olsun!'

Mezmur 122:6-7

Sınanmalar ve Sıkıntılar

Rabbimiz İsa Mesih aracılığıyla bizi zafere ulaş-
tıran Tanrı'ya şükürler olsun! Bu nedenle, sevgili
kardeşlerim, Rab yolunda verdiğimiz emeğin
boşa gitmeyeceğini bilerek dayanalım, sarsılma-
yalım, Rab'bin işinde her zaman gayretli olalım.

1. Korintliler 15:57-58

Her zaman RAB'be övgüler sunacağım,
Övgüsü dilimden düşmeyecek.
RAB'le övünürüm,
Mazlumlar işitip sevinsin!
Benimle birlikte RAB'bin büyüklüğünü duyurun,
Adını birlikte yüceltelim.
RAB'be yöneldim, yanıt verdi bana,
Bütün korkularımdan kurtardı beni.

Mezmur 34:1-4

Bunun için Tanrı'ya bağımlı olalım.
İblis'e karşı direnelim, bizden kaçacaktır.

Yakup 4:7

*Bunun içindir ki, seçilmişler uğruna her şeye
dayanıyorum. Öyle ki, onlar da sonsuz yüceliğin
yanısıra Mesih İsa'da olan kurtuluşa kavuşsun-
lar.
Şu güvenilir bir sözdür:
'O'nunla birlikte öldüysek,
O'nunla birlikte yaşayacağız.
Dayanırsak,
O'nunla birlikte egemenlik süreceğiz.
O'nu inkâr edersek,
O da bizi inkâr edecek.
Biz sadık kalmasak da,
O sadık kalacak.
Çünkü kendi özüne aykırı davranamaz'.*

2. Timoteos 2:10-13

*Kardeşlerim, çeşitli denemelerle yüz yüze geldi-
ğimizde bunu büyük sevinçle karşılayalım.
Çünkü biliriz ki, imanımızın sınanması dayanma
gücünü yaratır.
Dayanma gücü de, hiçbir eksiği olmayan, olgun,
Yetkin kişiler olmamız için tam bir etkinliğe eriş-
sin.*

Yakup 1:2-4

Rabbimiz İsa Mesih'in Tanrısı ve Babası'na övgüler olsun.

Çünkü O büyük merhametiyle yeniden doğmamızı sağladı.

İsa Mesih'i ölümden diriltmekle bizi yaşayan bir umuda, çürümez, lekesiz, solmaz bir mirasa kavuşturdu. Bu miras bizim için göklerde saklıdır.

Zaman sona ererken açığa çıkarılmaya hazır olan kurtuluşa kavuşalım diye iman sayesinde Tanrı'nın gücüyle korunuyoruz.

Bu nedenle şimdi kısa bir süre çeşitli denemeler sonucu acı çekmemiz gerekiyorsa da, sevinçle coşmaktayız.

Böylelikle içtenliği kanıtlanan imanımız, İsa Mesih göründüğünde bize övgü, yücelik, onur kazandıracak.

İmanımız, ateşle arıtıldığı halde yok olup giden altından daha değerlidir.

Mesih'i görmemiş olsak da O'nu seviyoruz.

Şu anda O'nu görmediğimiz halde O'na iman ediyor, sözle anlatılmaz yüce bir sevinçle coşuyoruz.

Çünkü imanımızın sonucu olarak canlarımızın kurtuluşuna erişiyoruz.

1. Petrus 1:3-9

Ne mutlu RAB'be güvenen insana,

Güveni yalnız RAB olana!
Böylesi su kıyılarına dikilmiş ağaca benzer,
Köklerini akarsulara salar.
Sıcak gelince korkmaz,
Yaprakları hep yeşildir.
Kuraklık yılında kaygılanmaz,
Meyve vermekten geri durmaz.

Yeremya 17:7-8

Tanrı bizden yanaysa, kim bize karşı olabilir?
Öz Oğlu'nu bile esirgemeyip O'nu hepimiz için
ölüme teslim eden Tanrı,
O'nunla birlikte bize her şeyi bağışlamayacak
mı?
Tanrı'nın seçtiklerini kim suçlayacak?
Onları aklayan Tanrı'dır.
Kim suçlu çıkaracak?
Ölmüş, üstelik dirilmiş olan Mesih İsa, Tanrı'nın
sağındadır ve bizim için aracılık etmektedir. Me-
sih'in sevgisinden bizi kim ayırabilir?
Sıkıntı mı, elem mi, zulüm mü, açlık mı, çıplaklık
mı, tehlike mi, kılıç mı?
Yazılmış olduğu gibi:
'Senin uğruna bütün gün öldürülüyoruz,
Kasaplık koyun sayılıyoruz.'
Ama bizi sevenin aracılığıyla bu durumların hep-
sinde galiplerden üstünüz.

Eminim ki, ne ölüm, ne yaşam,
Ne melekler, ne yönetimler,
Ne şimdiki ne gelecek zaman,
Ne güçler, ne yükseklik, ne derinlik,
Ne de yaratılmış başka bir şey,
Bizi Rabbimiz Mesih İsa'da olan Tanrı sevgisin-
den ayırmaya yetecektir.

Romalılar 8:31b-39

Ruhsal Çatışma

Tanrı kibirlilere karşıdır,
Ama alçakgönüllülere lütfeder.
Uygun zamanda bizi yüceltmesi için,
Tanrı'nın kudretli eli altında kendinizi alçaltıyo-
ruz.
Bütün kaygılarınızı O'na yüklüyoruz, çünkü O
bizi kayırır.
Ayık ve uyanığız.
Düşmanımız İblis kükreyen aslan gibi yutacak
birini arayarak dolaşıyor.
Dünyanın her yerindeki kardeşlerimizin de aynı
acıları çektiğini bilerek imanda sarsılmadan
İblis'e karşı direniyoruz.
Bizi Mesih'te sonsuz yüceliğine çağıran ve bütün
lütfun kaynağı olan Tanrı'nın kendisi kısa bir

süre acı çekmemizden sonra bizi yetkinleştirip pekiştirecek, güçlendirip temellendirecektir.
Kudret sonsuzlara dek O'nun olsun! Amin.

1. Petrus 5:5b-11

Olağan insanlar gibi yaşıyorsak da, insansal güce dayanarak savaşmıyoruz.
Çünkü savaşımızın silahları insansal silahlar değil, kaleleri yıkan tanrısal güce sahip silahlardır.
Safsataları, Tanrı bilgisine karşı diklenen her engeli yıkıyor, her düşünceyi tutsak edip Mesih'e bağımlı kılıyoruz.

2. Korintliler 10:3-5

Kuzu'nun kanıyla
Ve ettiğimiz tanıklık bildirisiyle Şeytan'ı yendik.
Ölümü göze alacak kadar
Vazgeçtik can sevgisinden.

Vahiy 12:11

Kapı sürgülerimiz demir ve tunç olacak
Ve gücümüz yaşamımız boyunca sürecektir.
Bize yardım için
Göklere ve bulutlara görkemle binen,
Yeşurun'un Tanrısı'na benzer biri yok.
Sığınağımız çağlar boyu var olan Tanrı'dır,

Bizi taşıyan O'nun yorulmaz kollarıdır.
Düşmanı önümüzden kovacak
Ve bize, 'Onu yok et!' diyecek.

Yasanın Tekrarı 33:25-27

Bize karşı yapılan hiçbir silah işe yaramayacak,
Mahkemede bizi suçlayan her dili
Suçlu çıkaracağız.
RAB'be kulluk eden bizlerin mirası
O'ndaki gönencimizdir.

Yeşaya 54:17 (uyarlama)

Ya RAB, benimle uğraşanlarla sen uğraş,
Benimle savaşanlarla sen savaş!
Al küçük kalkanla büyük kalkanı,
Yardımıma koş!
Kaldır mızrağını, kargını beni kovalayanlara,
'Seni ben kurtarırım' de bana.

Mezmur 35:1-3

Mükemmel Kurtarış

Kurtarıcımız tek Tanrı, bizi düşmekten alıkoyacak, büyük sevinç içinde lekesiz olarak yüce huzuruna çıkaracak güçtedir.

Yücelik, ululuk, güç ve yetki Rabbimiz İsa Mesih aracılığıyla bütün çağlardan önce, şimdi ve bütün çağlar boyunca Tanrı'nın olsun! Amin.

Yahuda 24-25

RAB'be övgüler sun, ey gönlüm!
O'nun kutsal adına övgüler sun,
Ey bütün varlığım!
RAB'be övgüler sun, ey canım!
İyiliklerinin hiçbirini unutma!
Bütün suçlarını bağışlayan,
Bütün hastalıklarını iyileştiren,
Canını ölüm çukurundan kurtaran,
Sana sevgi ve sevecenlik tacı giydiren,
Yaşam boyu seni iyiliklerle doyuran O'dur,
Bu nedenle gençliğin kartalınki gibi tazelenir.

Mezmur 103:1-5

Rabbimiz İsa Mesih'in Tanrısı, yüce Baba, kendisini tanımanız için bize bilgelik ve vahiy ruhunu versin diye dua ediyorum.

O'nun çağrısından doğan umudu, kutsallara verdiği mirasın yüce zenginliğini ve iman eden biz-

ler için etkin olan kudretinin aşkın büyüklüğünü anlamamız için, yüreklerimizin gözleri aydınlansın diye dua ediyorum.

Bu kudret, Tanrı'nın, Mesih'i ölümden diriltirken ve göksel yerlerde sağında oturturken O'nda sergilediği üstün güçle aynı etkinliktedir.

Tanrı O'nu bütün yönetimlerin, hükümranlıkların, güç ve egemenliklerin, yalnız bu çağda değil, gelecek çağda da anılacak bütün adların çok üstüne çıkardı.

Her şeyi ayakları altına sererek O'na bağımlı kıldı.

O'nu her şeyin üzerinde baş olmak üzere kiliseye verdi.

Kilise O'nun bedenidir, her yönden her şeyi dolduranın doluluğudur.

Efesliler 1:17-23

Bizde iyi bir işe başlamış olan Tanrı'nın bunu Mesih İsa'nın gününe dek bitireceğine güvenim var.

Filipililer 1:6

Çünkü kutsal kılınan bizleri tek bir sunuyla sonsuza dek yetkinliğe erdirmiştir.

İbraniler 10:14

Böylece Mesih İsa'ya ait olanlara artık hiçbir mahkûmiyet yoktur.

Çünkü yaşam veren Ruh'un yasası, Mesih İsa sayesinde beni günahın ve ölümün yasasından özgür kıldı.

Romalılar 8:1-2

İsa'nın çarmıhta canını vermesiyle lanetten çıkıp Tanrı'nın her yönden kutsadığı İbrahim'in kutsamasına girdim.

Galatyalılar 3:13-14'e itafen Yaratılış 24:1

Bakın, Baba bizi o kadar çok seviyor ki, bize 'Tanrı'nın çocukları' deniyor!
Gerçekten de öyleyiz.
Dünya Baba'yı tanımadığı için bizi de tanımıyor.
Sevgili kardeşlerim, daha şimdiden Tanrı'nın çocuklarıyız, ama ne olacağımız henüz bize gösterilmedi.
Ancak, Mesih göründüğü zaman O'na benzer olacağımızı biliyoruz.
Çünkü O'nu olduğu gibi göreceğiz.
Mesih'te bu umuda sahip olan,
Mesih pak olduğu gibi kendini pak kılar.

1. Yuhanna 3:1-3

Tanrı'nın bize olan sevgisini tanıdık ve buna inandık.
Tanrı sevgidir.
Sevgide yaşayan Tanrı'da yaşar,
Tanrı da onda yaşar.

1. Yuhanna 4:16

Bazılarınız böyleydik; ama yıkandık, kutsal kılındık,
Rab İsa Mesih adıyla
ve Tanrımız'ın Ruhu aracılığıyla aklandık.

1. Korintliler 6:11

Esenlik veren Tanrı, koyunların büyük Çobanı'nı,
Rabbimiz İsa'yı sonsuza dek sürecek antlaşmanın
kanıyla ölümden diriltti.
Tanrı, isteğini yerine getirebilmeniz için bizi her
iyilikle donatsın;
Kendisini hoşnut eden şeyi İsa Mesih aracılığıyla
bizlerde gerçekleştirsin.
Mesih'e sonsuzlara dek yücelik olsun! Amin.

İbraniler 13:20-21

Zihinsel ve Duygusal İstikrar

Yorgunuz ve yükümüz ağır! Ama Sana geliyoruz,
Sen bize rahat verirsin. Boyunduruğunu yükleni-
yoruz, senden öğreniyoruz.
Çünkü Sen yumuşak huylu, alçakgönüllüsün.
Böylece canlarımız rahata kavuşuyor. Boyundu-
ruğunu taşımak kolay, yükün hafiftir.

Matta 11:28-30

Böylece Tanrı halkı için bir Şabat Günü rahatı
kalıyor.
Tanrı işlerinden nasıl dinlendiyse, O'nun huzur
diyarına giren de kendi işlerinden öylece dinle-
nir.
Bu nedenle o huzur diyarına girmeye gayret ede-
lim; öyle ki, hiçbirimiz aynı tür sözdinlemezlikten
ötürü düşmesin.

İbraniler 4:9-11

Sana güvendiğim ve düşüncelerinde sarsılmaz
olduğum için beni tam bir esenlik içinde korur-
sun.

Yeşaya 26:3

Yasanı sevdiğim için büyük esenlik bulurum,
Hiçbir şey sendeletmez beni.

Mezmur 119:165

Silahlarım tanrısal güce sahip silahlardır.
Onlarla Şeytan'ın zihnimde inşa ettiği kaleleri yerle bir ediyorum,
Tüm düşüncemi Mesih'e bağımlı kılıyorum.

2. Korintliler 10:4-5'e itafen

Tanrı bana korkaklık ruhu değil,
Güç, sevgi ve özdenetim ruhu vermiştir.

2. Timoteos 1:7

Umut kaynağı olan Tanrı, Kutsal Ruh'un gücüyle umutla dolup taşmamız için iman yaşamımızda bizi tam bir sevinç ve esenlikle doldursun.

Romalılar 15:13

Hiç kaygılanmıyoruz; her konudaki dileklerimizi, Tanrı'ya dua edip yalvararak şükranla bildiriyoruz.

Tanrı'nın her kavrayışı aşan esenliği Mesih İsa aracılığıyla yüreklerimizi ve düşüncelerimizi koruyacaktır.

Sonuç olarak, kardeşlerim,

gerçek,

saygıdeğer,

doğru,

pak,

sevimli,

hayranlık uyandıran,
erdemli
ve övülmeye değer ne varsa,
onu düşünüyoruz.

Filipililer 4:6-8

Tanrı'ya Hizmet Etmek

Bizi her zaman Mesih'in zafer alayında yürüten,
O'nu tanımanın güzel kokusunu aracılığımızla
her yerde yayan Tanrı'ya şükürler olsun!
Çünkü biz hem kurtulanlar hem de mahvolanlar
arasında Tanrı için Mesih'in güzel kokusuyuz.
Mahvolanlar için ölüme götüren ölüm kokusu,
kurtulanlar içinse yaşama götüren yaşam koku-
suyuz. Böylesi bir işe kim yeterlidir?
Birçokları gibi, Tanrı'nın sözünü ticaret aracı
yapanlar değiliz. Tanrı tarafından gönderilen ve
Mesih'e ait olan kişiler olarak Tanrı'nın önünde
içtenlikle konuşuyoruz.

2. Korintliler 2:14-17

Tanrı, bizde etkin olan kudretiyle,
dilediğimiz ya da düşündüğümüz her şeyden
çok daha fazlasını yapabilecek güçtedir.

Efesliler 3:20

Her zaman, her yönden, her şeye yeterli ölçüde sahip olarak her iyi işe cömertçe katkıda buluna- bilmemiz için, Tanrı her nimeti bize bol bol sağ- layacak güçtedir.

2. Korintliler 9:8

Yine size şunu söyleyeyim, yeryüzünde aranızdan iki kişi, dileyecekleri herhangi bir şey için anla- şırlarsa, göklerdeki Babam dileklerini yerine getirir.

Matta 18:19

Bu nedenle ürünün sahibi Rab'be ürününü kaldı- racak işçiler göndermesi için yalvarıyoruz.

Matta 9:38

Göksel egemenliğin bu Müjdesi bütün uluslara tanıklık olmak üzere dünyanın her yerinde duyu- rulacak. İşte o zaman son gelecektir.

Matta 24:14

Güçlü ve yürekli olacağız ve işe girişeceğiz; Korkmayacağız ve yılmayacağız. Çünkü Tanrımız, RAB Tanrı bizimledir. RAB'bin Tapınağı'nın bütün yapım işleri bitince- ye dek, Bizi başarısızlığa uğratmayacak,

Bizi bırakmayacaktır.

1. Tarihler 28:20

Gökten inen yağmur ve kar,
Toprağı sulamadan, yeri yeşertmeden,
Ekinciye tohum, yiyene ekmek vermeden
Nasıl göğe dönmezse,
Ağzımdan çıkan söz de öyle olacaktır.
Bana boş dönmeyecek,
İstemimi yerine getirecek,
Yapması için onu gönderdiğim işi başaracaktır.

Yeşaya 55:10-11

Kurtuluşumuzu saygı ve korkuyla etkin kılıyoruz.
Çünkü kendisini hoşnut edeni hem istememiz hem
de yapmamız için bizde etkin olan Tanrı'dır.
Aralarında evrendeki yıldızlar gibi parladığımız
bu eğri ve sapık kuşağın ortasında
kusursuz ve saf,
Tanrı'nın lekesiz çocukları olabilmek için,
her şeyi söylenmeden ve çekişmeden yaparak,
yaşam sözüne sımsıkı sarılıyoruz.

Filipililer 2:12b-16a

Uyanık kalalım,
imanda dimdik duralım,
mert ve güçlü olalım.

Her şeyi sevgiyle yapalım.

1. Korintliler 16:13-14

Ama benim için kazanç olan her şeyi Mesih uğruna zarar saydım.

Dahası var, uğruna her şeyi yitirdiğim Rabbim İsa Mesih'i tanımanın üstün değeri yanında her şeyi zarar sayıyorum, süprüntü sayıyorum.

Öyle ki, Mesih'i kazanayım ve Kutsal Yasa'ya dayanan kişisel doğruluğa değil,

Mesih'e iman etmekle kazanılan, iman sonucu Tanrı'dan gelen doğruluğa sahip olarak Mesih'te bulunayım.

Ölümünde O'nunla özdeşleşerek O'nu tanımak, dirilişinin gücünü ve acılarına ortak olmanın ne demek olduğunu bilmek ve böylece ne yapıp yapıp ölümden dirilişe erişmek istiyorum. Bunlara şimdiden kavuştuğumu ya da yetkinliğe eriştiğimi söylemiyorum.

Ama Mesih İsa'nın beni kazanmakla benim için öngördüğü ödülü kazanmak için koşuyorum. Kardeşler, kendimi bunu kazanmış saymıyorum.

Ancak şunu yapıyorum: Geride kalan her şeyi unutup ileride olanlara uzanarak,

Tanrı'nın Mesih İsa aracılığıyla yaptığı göksel çağrıda öngörülen ödülü kazanmak için hedefe doğru koşuyorum.

Filipililer 3:7-14

Ama sen, ey Tanrı adamı, bu şeylerden kaç!
Doğruluğun, Tanrı yolunun, imanın,
sevginin, sabrın, uysallığın ardından koş.
İman uğrunda yüce mücadeleyi sürdür.
Sonsuz yaşama sımsıkı sarıl.
Bunun için çağrıldın ve birçok tanık önünde yüce
inancı açıkça benimsedin.
Her şeye yaşam veren Tanrı'nın ve Pontius Pila-
tus önünde yüce inanca tanıklık etmiş olan Mesih
İsa'nın huzurunda sana buyuruyorum:
Rabbimiz İsa Mesih'in gelişine dek Tanrı buyru-
ğunu lekesiz ve kusursuz olarak koru. Mübarek
ve tek Hükümdar,
kralların Kralı,
rablerin Rabbi,
ölümsüzlüğün tek sahibi,
yaklaşılmaz ışıkta yaşayan,
hiçbir insanın görmediği ve göremeyeceği Tanrı,
Mesih'i belirlenen zamanda ortaya çıkaracaktır.
Onur ve kudret sonsuza dek O'nun olsun! Amin.
1. Timoteos 6:11-16

"Doğru adamım, imanla yaşayacaktır.
Ama geri çekilirse, ondan hoşnut olmayacağım."
Bizler geri çekilip mahvolanlardan değiliz;
iman edip canlarının kurtuluşuna kavuşanlarda-
nız.

Mesih'le birlikte dirildiğimize göre,
gökteki değerlerin ardından gidiyoruz.
Mesih orada, Tanrı'nın sağında oturuyor.
Yeryüzündeki değil, gökteki değerleri düşünüyo-
ruz.
Çünkü biz öldük, yaşamımız Mesih'le birlikte
Tanrı'da saklıdır.
Yaşamımız olan Mesih göründüğü zaman,
biz de O'nunla birlikte yücelmiş olarak görüne-
ceğiz.

Koloseliler 3:1-4

Mesih'le birlikte çarmıha gerildim.
Artık ben yaşamıyorum, Mesih bende yaşıyor.
Şimdi bedende sürdürdüğüm yaşamı,
beni seven ve benim için kendini feda eden
Tanrı Oğlu'na imanla sürdürüyorum.

Galatyalılar 2:20

Çarmıhta Gerçekleşen Takas

Biz **bağışlanabilelim** diye
  İsa **cezalandırıldı.**[i]
Biz **şifa bulabilelim** diye

İsa **yaralandı.**[ii]
O'nun doğruluğuyla doğru olabilelim diye
   İsa **bizim günahkarlığımızla günah** oldu.[iii]
O'nun **yaşam**ına sahip olabilelim diye
   İsa bizim hak ettiğimiz **ölüm**ü tattı.[iv]
Biz **kutsama**ya girebilelim diye
   İsa **lanet** altına girdi.[v]
O'nun **zenginliğine** paydaş olabilelim diye
   İsa bizim uğrumuza **yoksulluğa** katlandı.[vi]
O'nun **yüceliğine** paydaş olabilelim diye
   İsa bizim **utancımızı** yüklendi.[vii]
O'nunla birlikte Baba tarafından **kabul edileb
lelim** diye
   İsa **reddedilmişliğimizi** üstlendi.[viii]
Tanrı'yla sonsuz yaşamda **birleşebilelim** diye
   İsa ölümle yaşamdan **ayrıldı.**[ix]
Yeni yaratılış bizde yaşam bulsun diye
   Eski yaratılışımız İsa'da ölüme mahkum
   edildi.[x]

Kurtulanlar Konuşsun[xi]

İsa'nın kanıyla kurtarılmış[xii], arıtılmış[xiii] ve kutsal kılınmış[xiv] bedenim, Kutsal Ruh'un bir tapınağıdır.[xv]

Bedenimin üyeleri, Tanrı'nın hizmetine ve yüceliğine adanmış doğruluk araçlarıdır.[xvi]

Şeytan'ın içimde hiçbir yeri yoktur, üzerimde hiçbir gücü yoktur, bana karşı hiçbir hak iddia edemez.

Bunların tümü İsa'nın kanıyla gerçekleşmiştir.[xvii]

Kuzu'nun kanıyla ve ettiğim tanıklık bildirisiyle Şeytan'ı yendim ve ölümü göze alacak kadar vaz geçtim can sevgisinden.[xviii]

Bedenim Rab içindir ve Rab bedenim içindir.[xix]

Yalnızca Kan

İsa'nın kanının bizim için yaptığı şeyi söyleyen Tanrı Sözü'nün tanıklığını kişisel olarak verdiğimizde Şeytan'ı yendik.[xx]
İsa'nın kanı aracılığıyla,
    Şeytan'ın elinden kurtarıldım.[xxi]
İsa'nın kanı aracılığıyla, tüm günahlarım bağışlandı.[xxii]
İsa'nın kanı aracılığıyla,
    Tüm günahlarımda sürekli olarak arınırım.[xxiii]
İsa'nın kanı aracılığıyla,
    Sanki hiç günah işlememiş gibi aklandım, haklı çıkarıldım.[xxiv]

İsa'nın kanı aracılığıyla,
   Kutsal kılındım, Tanrı için ayrıldım.[xxv]
İsa'nın kanı aracılığıyla,
   Tanrı'nın huzuruna girmeye cesaretim var.[xxvi]
İsa'nın kanı benim adıma göklerdeki Tanrı'ya sürekli haykırır.[xxvii]

Tanrı'nın Korumasına Duyulan Güveni Beyan Etmek

Bana karşı yapılan hiçbir silah işe yaramayacak ve mahkemede bana uzatılan her dili suçlu çıkaracağım. Bu benim, RAB'bin hizmetkârı olarak mirasımdır ve doğruluğum Sen'den gelir, ey Orduların RAB'bi.

Aleyhimde konuşan veya dua eden, ya da bana zarar vermek isteyen veya beni dışlayan herkesi bağışlıyorum (belli birileri varsa isimleriyle söyleyin). Onları bağışlayarak, RAB'bin adıyla onları kutsuyorum.[xxviii]

Şimdi ilan ediyorum ey RAB, Sen ve yalnızca Sen benim Tanrım'sın ve başka tanrım yoktur; her şeyin Tanrı'sısın ve benim Kurtarıcımsın, Baba, Oğul ve Kutsal Ruh. Ve ben Sana tapınırım!

Bugün, koşulsuz bir itaatle kendimi bir kez daha Sana teslim ediyorum. Kendimi sana teslim ederek RAB, Sözlerini yerine getiriyorum. Şeytan'a karşı duruyorum: Tüm baskılarına, saldırılarına, kandırmacalarına ve bana karşı kullanmak istediği her unsura veya kişiye karşı duruyorum. Ona teslim olmuyorum! İsa'nın adıyla ona direniyorum, kendimden uzaklaştırıyorum ve onu kovuyorum.

Özellikle, güçsüzlüğü, enfeksiyonu, ağrıyı, iltihabı, tümörleri, alerjileri, virüsleri, ..., büyücülüğün her türünü, stresin her türünü reddediyor ve kovuyorum (size karşı etkin olduğunu düşündüğünüz her hastalığı veya ruhu adlandırarak ifade edin).

Son olarak RAB, İsa'nın çarmıhta kendini kurban etmesiyle altında bulunduğum lanetten çıktığım ve yücelikle, sağlıkla, zenginlikle, zaferle, Tanrı'nın iyiliğiyle ve Tanrı'nın dostu olmakla kutsadığın İbrahim'in kutsamasına girdiğim için Sana teşekkür ederim.[xxix]

Amin

Yazar Hakkında

Derek Prince (1915-2003) Hindistan'ın Bangalore eyaletinde, İngiliz ordusuna bağlı asker kökenli bir ailede doğdu. İngiltere'de Eton Lisesi ve Cambridge Üniversitesi'nde ve daha sonra İsrail'deki İbrani Üniversitesi'nde klasik diller (Yunanca, Latince, İbranice ve Aramice) konusunda araştırmacı olarak eğitim aldı. Öğrencilik yıllarında sıkı bir felsefeciydi ve kendini ateist olarak ilan etmişti. Cambridge'deki King's Lisesi'nde antik ve modern felsefe derslerini başlattı.

İkinci Dünya Savaşı sırasında, İngiliz Sıhhiye Kolordusundayken, Prince bir felsefe çalışması olarak Kutsal Kitap okumaya başladı. İsa Mesih'le yaşadığı güçlü birlikteliğin dönüşümüyle, birkaç gün sonra Kutsal Ruh'la vaftiz oldu. Bu yaşam değiştiren tecrübenin tüm hayatına işlemesiyle kendini Kutsal Kitap çalışmaya ve öğretmeye adadı.

1945'te Kudüs'te ordudan ayrılıp oradaki çocuk evinin kurucusu olan Lydia Christensen'le evlendi. Evliliğinde, Lyda'nın evlat edinilmiş sekiz kız çocuğunun da (altısı Yahudi, biri Filistin'li Arap, biri de İngiliz) babası oldu. Ailece İsrail devletinin 1948'de yeniden doğuşunu gördüler. 1950'lerin sonunda Kenya'daki bir lisede müdürlük yaparken, başka bir kız çocuğu daha evlat edindi.

Prince 1963 yılında Amerika Birleşik Devletlerine göç etti ve Seattle'da bir kilisede pastörlük yapmaya başladı. John F. Kennedy'nin katledilmesinin de etkisiyle Prince Amerikalılara kendi ulusları için Tanrı'nın önünde nasıl aracılık etmeleri gerektiğini öğretmeye başladı. 1973'de Amerika İçin Dua Eden Aracılar'ın kurucularından biri oldu. Dua ve Oruçla Tarihi Şekillendirmek adlı kitabıyla dünyanın dört bir yanındaki Hristiyanları kendi hükümetleri için dua etme sorumluluğu konusunda uyandırdı. Birçoklarına göre bu kitabın el altından yapılan gizli çevirileri SSCB, Doğu Almanya ve Çekoslovakya'daki komünist rejimlerin yıkılmasında etkin bir rol oynadı.

Lydia Prince 1975'de öldü ve Derek 1978'de Ruth Baker'la (evlat edindiği üç çocuğa annelik yapan bekar bir kadın) evlendi. İlk eşine rastladığı Kudüs'te Rab'be hizmet ederken ikinci eşiyle tanıştı. 1981'den Ruth'un öldüğü 1998 Aralık ayına kadar Kudüs'te beraber yaşadılar.

2003 yılında 88 yaşındayken hayata gözlerini kapamasından birkaç yıl öncesine kadar Tanrı'nın onu çağırdığı hizmetlerde çalışmaya devam etti. Tanrı'nın açıkladığı gerçekleri duyurmak için dünyanın dört yanına seyahat etti, hastalar ve cinliler için dua etti ve Kutsal Kitap'ın ışında dünyadaki olaylarla ilgili peygamberliklerde bulundu. Yazdığı elliden fazla kitap, altmıştan fazla dile çevrilerek tüm dünyaya dağıtıldı. Nesilden nesle geçen lanetler, İsrail'in müjdesel önemi ve demonoloji (Şeytan bilimi) gibi çığır açan konulardaki öğretilere öncülük etti.

Uluslararası merkezi North Carolina Charlotte'da bulunan Derek Prince Hizmetleri, dünyaya yayılmış şubeleriyle öğretilerini yaymaya ve hizmetkârlar, kilise liderleri ve cemaatler için eğitim vermeye devam etmektedir. Başarılı Yaşamın Anahtarları (şimdilerde Derek Prince'in Mirası Radyosu diye anılıyor) adlı radyo programı 1979'da başladı ve bir düzineden fazla lisana tercüme edildi. Tahminlere göre Prince'in açık, mezhepsel olmayan Kutsal Kitap öğretileri dünyanın yarısından fazlasına ulaştı.

Dünyaca tanınan bir Kutsal Kitap araştırmacısı ve ruhsal bir lider olarak Derek Prince, altı kıtada yetmiş yıldan fazla öğretti ve hizmet verdi. 2002'de şöyle demişti: "Benim (ve inanıyorum ki Rab'bin de) isteğim, altmış yılı aşkın bir süredir Tanrı'nın benim aracılığımla başlattığı bu hizmetin yaptığı işe İsa dönene kadar devam etmesidir."

Son Notlar

---

[i] Yeşaya 53:4-5

[ii] Yeşaya 53:4-5

[iii] Yeşaya 53:10; 2. Korintliler 5:21

[iv] İbraniler 2:9

[v] Galatyalılar 3:13-14

[vi] 2. Korintliler 8:9, 9:8

[vii] Matta 27:35–36; İbraniler 12:2, 2:9

[viii] Matta 27:46–51; Efesliler 1:5–6

[ix] Yeşaya 53:8; 1. Korintliler 6:17

[x] Romalılar 6:6; Koloseliler 3:9–10

[xi] Mezmur 107:2

[xii] Efesliler 1:7

[xiii] 1.Yuhanna 1:7

[xiv] İbraniler 13:12

[xv] 1. Korintliler 6:19

[xvi] Romalılar 6:13

[xvii] Romalılar 3:23–25, 8:33–34

[xviii] Vahiy 12:11

[xix] 1. Korintliler 6:13

[xx] Vahiy 12:11

[xxi] Efesliler 1:7

[xxii] 1. Yuhanna 1:9

[xxiii] 1. Yuhanna 1:7

[xxiv] Romalılar 5:9

[xxv] İbraniler 13:12

[xxvi] İbraniler 10:19

[xxvii] İbraniler 12:24

[xxviii] Bkz. Matta 5:43–45; Romalılar 12:14

[xxix] Bkz. Galatyalılar 3:13–14; Yaratılış 24:1